COMO SER UM
ADVOGADO DE SUCESSO

Leonardo Schulmann

COMO SER UM ADVOGADO DE SUCESSO

Tudo que você precisa saber para fazer a diferença na carreira

Matrix

© 2016 - Leonardo Schulmann
Direitos em língua portuguesa para o Brasil:
Matrix Editora
www.matrixeditora.com.br

Diretor editorial
Paulo Tadeu

Capa e projeto gráfico
Monique Schenkels

Revisão
Lucrécia Freitas
Silvia Parollo

CIP-BRASIL - CATALOGAÇÃO NA PUBLICAÇÃO
SINDICATO NACIONAL DOS EDITORES DE LIVROS, RJ

Schulmann, Leonardo
Como ser um advogado de sucesso / Leonardo Schulmann. - 1. ed. - São Paulo: Matrix, 2016
120 p.; 21 cm.

Inclui índice
ISBN 978-85-8230-236-1

1. Estudantes de direito - Aconselhamento. 2. Direito - Orientação profissional.
3. Advogados - Aconselhamento. 4. Profissões - Desenvolvimento. I. Título.

16-29772　　　　　　　　　CDD: 340.023
　　　　　　　　　　　　　CDU: 347.964.1

Sumário

Introdução 7
1. Virtudes – e o que você tem a ver com isso 13
2. A firma como ela é 40
3. Produtividade, produtividade 41
4. Antecipe-se e seja claro 50
5. Não procrastine 51
6. Seu escritório comercial não é o da sua casa 52
7. O tal do organograma 53
8. Não encubra seus erros 55
9. Monte a melhor equipe 57
10. Não seja esnobe 67
11. Não se rasgue em elogios para o juiz 69
12. Não garanta resultados, dê segurança 71
13. Saiba usar as palavras 72
14. Não dê conselhos por telefone 73
15. Nunca feche contrato de boca 75
16. De novo: retorne as ligações! 76
17. Quando dizer não! 79
18. Efeito placebo 80
19. Não esqueça: cada cliente vale US$ 1.000.000! 81
20. Não dê queixa dos colegas nos conselhos de classe 84
21. Não tenha caso com colegas de trabalho 85
22. Não compre brigas, prefira acordos 87
23. Reputação: como construir e manter a sua 89
24. Use seu nome, nunca o apelido 91
25. Não acenda uma vela para Deus e outra para o diabo 92
26. Faça-se respeitar 94
27. Marketing pessoal: cada vez mais necessário 96
28. Seja ético 97

29. Ganhe visibilidade 99
30. Tenha um bom networking 101
31. Mantenha uma agenda permanente de visitas de clientes 103
32. Invista em almoço de negócios e pague a conta
    (se pedirem vinho, aguente!) 105
33. Saiba cobrar 107
34. Saiba lucrar 108
35. Tecnologia, sim, *pero no mucho* 110
36. Netiqueta 112
37. There's no free lunch 114
38. Seja um encantador de clientes 115
39. Siga em frente 117
40. Leio, logo penso – leituras para ter sucesso 118

INTRODUÇÃO

Como bem disse o uruguaio Eduardo Couture (1904-1956), figura inesquecível, um dos maiores pensadores do Direito contemporâneo e autor do clássico *Os mandamentos do advogado*, a advocacia é um exercício constante da virtude. A mais nobre das profissões – como já foi definida – exige integridade, erudição e lisura de quem se dispõe a praticá-la de forma séria. Essa percepção de que o advogado é um ser íntegro e culto já faz parte do senso comum. Pergunte a um leigo quais são os predicados dos melhores da área e ele certamente dirá: sabedoria, retidão, caráter.

Felizmente – sim, morro de orgulho do meu diploma! –, esses são os requisitos para se destacar na atividade e alcançar o sucesso de maneira ética. É muito? Com certeza! Mas não é o bastante. Tais atributos eram, sim, suficientes na Antiguidade, quando o ofício era exercido "gratuitamente" pelos sábios com um único intuito: promover o bem comum.

Bom, o tempo passou, o mundo mudou. Quem opta pela advocacia quer, precisa e deve receber pelos serviços prestados. Apesar de a economia colaborativa ser a coqueluche do momento, o fato é que o capitalismo selvagem ainda impera. E a lei da sobrevivência também. Tudo indica que o mundo caminha para uma sociedade diferente, em que compartilhar terá mais valor do que ganhar. Mas isso é coisa para outra geração. Vamos fincar os pés no aqui e agora, porque a fila anda e as contas, meu amigo, nunca vão abandonar você nem nos piores momentos.

Na economia de mercado em que ainda vivemos, o montante a ser pago pelo nosso trabalho varia ao som da meritocracia. Recebem honorários mais polpudos os mais eficientes, influentes, respeitados, que atraem os melhores clientes e casos. Quem trabalha melhor, produz melhor – ou sabe vender o seu peixe melhor. Em suma, os que fazem por merecer. Não adianta culpar a falta de sorte nem desmerecer o colega que sabe se relacionar bem e promover o seu trabalho. Marketing pessoal não é crime; é uma habilidade reconhecida e necessária.

Quem não quer ter sucesso, ocupar um lugar entre os mais poderosos e bem pagos advogados do país – ou do mundo, vamos pensar grande? Ah! Sucesso para você não é dinheiro e poder, certo? Seu objetivo é mais modesto, tipo ser um cara engajado, renegar o consumismo, ganhar um bom salário para pagar as escolas dos filhos, ter qualidade de vida e uma aposentadoria razoável? Não importa qual estilo de vida é o seu – só a faculdade de Direito não basta.

Não adianta ser o melhor aluno da melhor faculdade de Direito do país, um camarada ético, leal, exímio conhecedor das leis. Os tempos são outros. Para se dar bem nos dias de hoje é preciso mais. Ninguém consegue um lugar ao sol no disputado mundinho do Direito se não tiver noções de marketing, administração e finanças, se não souber se portar e se vestir. Ser advogado é, ao mesmo tempo, exercer várias profissões, pois são muitas as funções a desempenhar. Saber prospectar e ganhar novos clientes é uma delas – fundamental para quem opta pelo voo solo, também valorizada pelos grandes escritórios. Outro passo, tão ou mais importante: manter os clientes. Ter uma boa reputação e zelar por ela é imprescindível.

Transitar por diferentes searas como um diplomata, outra. A lista é enorme: saber se comportar adequadamente perante colegas, juízes e clientes; ter noções de finanças; entender de moda (assim como o banho diário, seguir o *dress code* da profissão é fundamental!). Afinal, na era das *selfies* e de outras manifestações do chamado "narcisismo digital", imagem é mais que tudo!

Eis a questão. Quem passou cinco anos da vida memorizando leis e aprendendo a interpretá-las em uma universidade geralmente não faz ideia do que é ser um advogado na prática. Muitos profissionais, depois de conquistar a inscrição na Ordem dos Advogados (OAB), deparam-se com a dura realidade de ser esse profissional de talentos múltiplos que o mercado exige. Infelizmente, boa parte dos jovens bacharéis (os que não herdam escritórios de pais e familiares e não possuem amigos influentes para uma "indicação"), diante das dificuldades, abandona a profissão. E muitos acabam virando comerciantes, taxistas, professores.

Não deviam agir assim. Depois de concluir um curso de Direito, é preciso insistir em continuar! Não só porque é bonito e sua mãe acha o máximo, mas porque é lógico! Ser advogado não é apenas exercer uma profissão louvável, admirável, encantadora. É poder ganhar mais, melhorar de vida (entendeu por que sua mãe tanto insistiu para você seguir a carreira?), dar conforto para sua família – e, se não quiser ter família, poder curtir a solteirice da melhor maneira possível.

Isso mesmo. Ser advogado dá dinheiro!

Nos Estados Unidos, um advogado ganha em média 54 dólares por hora de trabalho, segundo o *Bureau of Labor Statistics*. Já um vendedor da Macy's, a maior loja de departamentos do mundo, em Nova York, ganha 20 dólares pelo mesmo tempo trabalhado – três vezes menos. No Brasil, um advogado em início de carreira contratado por um escritório ganha entre 3 mil reais (empresa de pequeno porte) e 9 mil reais (empresa de grande porte), segundo estudo feito pela consultoria especializada Salomon e Azzi, no final de 2015. Os salários para advogados em cargos gerenciais costumam variar entre 10 mil reais e 30 mil reais. Para cargos de direção, superintendência e vice-presidência, as cifras vão às alturas – e incluem bonificações anuais de vários salários. Um vendedor de loja no país, por sua vez, começa geralmente ganhando o mínimo – em torno de 880 reais – e pode vir a tirar 2,5 mil reais mensais.

Claro que há variações, para baixo e para cima, inclusive de acordo com a área de atuação do advogado – trabalhista, imobiliário, criminal, entre outras. Mas a estimativa é suficiente para justificar o raciocínio de que ser advogado é um ótimo negócio.

Muita gente sabe disso – não à toa, a advocacia é uma das carreiras mais disputadas do Brasil. Em nenhum lugar há tantos cursos de Direito: são 1.240 escolas jurídicas, segundo dados da OAB – no resto do mundo todo, somando os 195 países reconhecidos pela Organização das Nações Unidas (ONU), há 1.100! Dessas instituições de ensino saem aproximadamente 100 mil novos bacharéis a cada ano. Ou seja, todos os anos, 100 mil novos profissionais somam-se a um batalhão de 950 mil advogados e 2 milhões de bacharéis em Direito já em atuação. A comparação com outras profissões cobiçadas dá a dimensão da concorrência: há no Brasil cerca de

350 mil médicos (formam-se 16,5 mil por ano) e 600 mil engenheiros (formam-se 40 mil por ano).

Não é fácil, mas vale muito a pena!

A intenção deste livro é facilitar um pouco essa caminhada – ajudá-lo, na verdade, a alavancar sua carreira, ter sucesso (seja lá o que isso significa para você) e servir de guia para você tornar-se um profissional relevante, ser lembrado, deixar a sua marca. E talvez, quem sabe um dia, um advogado fantástico, inesquecível.

É um manual com conselhos simples, mas preciosos, que ninguém ensinará a você na faculdade, muito menos no escritório.

Costuma-se dizer que pelo menos uma vez na vida cada cidadão ou empresa vai precisar de um advogado. Que seja você, então!

1. VIRTUDES – E O QUE VOCÊ TEM A VER COM ISSO

"O livro é para dar dicas para a minha carreira e o cara começa com esse papo de fé, moral e bons costumes?". Se você é jovem, as chances de ter feito esse questionamento ao se deparar com o título acima são enormes. Para quem está na faixa dos 20, *virtude* é coisa do século passado, tipo assim, algo a ver com religião. Palavra que nem consta do vocabulário. Entre os mais experientes, há os que sabem o significado do termo, mas fingem não saber. Se o negócio é dar dicas, e nada mais, vamos lá: você pode até alcançar o sucesso e se destacar profissionalmente sem virtudes, mas não será bem-sucedido por muito tempo.

Os maiores gurus de gestão deste século (e do anterior) batem muito nessa tecla. Para o mais influente de todos, Peter Drucker (1909-2005), o pai da Administração moderna, "o caráter e a integridade nada realizam, mas a ausência deles aniquila tudo mais". Inclusive riqueza e fama conquistadas por meios questionáveis – a história recente do Brasil está cheia de exemplos que comprovam a tese. Robert Solomon (1942-2007) exalta a honestidade como o mais importante dos princípios que devemos levar para a vida profissional e para os negócios. Para esse filósofo americano, autor do livro *Espiritualidade para céticos – Paixão, verdade cósmica e racionalidade no século XXI*, honestidade é a mola propulsora de toda grande realização. Por sua vez, Jim Collins, um dos gurus da gestão e autor de *Empresas feitas para vencer,* valoriza a humildade, a determinação e a coragem. São inúmeras as virtudes cardeais e intelectuais – prudência, organização, persistência, entre tantas outras. "E qual a mais *virtuosa* delas?", você pode estar se questionando. Não importa. Toda virtude é uma qualidade moral, uma inclinação para fazer o bem resultante do hábito, como definiu Aristóteles (384-322 a.C.). Todas as virtudes se expressam em nossas atitudes e contribuem para o sucesso pessoal ou profissional. "Somos aquilo que fazemos repetidamente", afirmava o filósofo grego. Inclusive para sermos bem-sucedidos.

Quer ser um advogado inesquecível? Não subestime suas atitudes e habitue-se somente às melhores. Pratique-as rotineiramente. Dentro e fora do escritório. Você será lembrado pelo que faz, pelo que fala, pelo que veste e pela maneira como trata os outros. Lembre-se: você não é o que pensa que é. Você é o que os outros pensam que você é. Se meu livro fosse uma fábula, essa seria a moral da história. Vamos em frente!

Gentileza é a alma de qualquer negócio

"Gentileza é moeda barata e gera grandes dividendos." Eis um ditado popular tão verdadeiro quanto desdenhado por muita gente – geralmente gente malsucedida e mal paga. Se seus pais, com todo o respeito, não lhe ensinaram a importância da gentileza e da boa educação, está na hora de aprender: ser gentil e respeitoso é o mínimo que todo ser humano civilizado deve ser – o mundo certamente seria melhor se os rudes e grosseiros vivessem em florestas ou savanas. O resto vem junto: amor, amizade, dinheiro e sucesso, seja na advocacia ou em qualquer outra carreira.

O americano Dale Carnegie (1888-1955), considerado até hoje o mais importante autor da literatura motivacional, discorreu sobre gentileza e educação em *Como fazer amigos e influenciar pessoas*. O livro, escrito em 1936, vendeu mais de 30 milhões de cópias e foi eleito pela revista *Time* o 19º dos 100 livros mais influentes de todos os tempos. Na obra, Carnegie fala sobre como pequenas gentilezas, como chamar as pessoas pelo nome, podem impactar positivamente os relacionamentos, a carreira e os negócios.

De fato, há poucas atitudes tão preciosas, no campo das relações, quanto chamar uma pessoa pelo primeiro nome – demonstra respeito, apreço e consideração pelo próximo, como ser humano e como profissional. Por isso, ensina Carnegie, devemos chamar pelo nome não apenas colegas, amigos, clientes, mas também pessoas que, num determinado momento, estão em desvantagem social, por exemplo, o garçom que nos atende em um restaurante. Se o garçom tem o nome exposto no crachá, não hesite!

Você deve estar se perguntando: "Por que fazer

isso? O que o garçom tem a ver com o meu sucesso profissional?". Bem, chamar o garçom, o copeiro ou o motorista da empresa pelo nome demonstra que você o respeita pelo que ele é e faz – e valoriza o seu trabalho. Também é o reconhecimento de que poderia estar no lugar dele, exercendo a mesma função, que, não por acaso, é tão nobre quanto a sua. Um advogado também se sentiria honrado se alguém mais poderoso, como um ministro do Supremo Tribunal Federal, se dirigisse a ele dessa forma, caso o avistasse com amigos ou clientes.

E tenha certeza: o profissional por quem você demonstrou respeito nunca o esquecerá. Quando você voltar ao restaurante com clientes ou colegas, todos notarão o tratamento especial dedicado a você pelo garçom. Ser bem recebido e bem tratado afeta fortemente a percepção dos outros sobre sua índole e caráter.

Se você não é naturalmente gentil (o que é uma pena, pois ser gentil é algo que faz bem aos outros e também a nós mesmos), esforce-se, procure melhorar. As pessoas mais lembradas são aquelas que demonstram interesse sincero pelos outros por meio de atitudes simples, como a descrita anteriormente.

A lembrança dos outros é só um exemplo do poder da gentileza: ela também é capaz de abrir portas, fomentar oportunidades e fechar negócios.

Mas, atenção: gentileza não é bajulação nem maneiras simplórias de tentar agradar alguém importante, por interesse. Também não se resume a manuais de etiqueta (apesar de ser externada em nossas ações). Trata-se de um atributo maior, bem mais sofisticado. Tem a ver com os valores, com a ética e com o caráter de um indivíduo. É ser respeitoso com o mundo e com os outros. Enfim, ser gentil, ou pelo menos tentar ser o mais gentil possível, é bom para a carreira e faz bem à alma. Melhor de tudo: é grátis.

DICAS
Para exercitar a gentileza e evoluir, no trabalho e na vida
– Coloque-se no lugar do outro. E não faça com os outros o que não gostaria que fizessem com você.
– Durante uma conversa, concentre-se no seu interlocutor, não no celular. E resista à tentação de atender a uma chamada, mesmo que do outro lado da linha esteja uma pessoa interessada em seus serviços e, na sua frente, um zé-ninguém. O mundo dá voltas. Pode acontecer de o provável cliente desistir de você e de o "zé-ninguém", a quem você dedicou tempo e atenção, indicá-lo a um amigo milionário. Nunca se sabe...
– Retorne telefonemas, e-mails e mensagens de texto, mesmo que já tenha conhecimento do assunto em questão. É sinal de respeito e consideração – afinal, a pessoa do outro lado não faz ideia de que você é vidente.
– Agradeça às pessoas próximas com bilhetes. E, claro, escreva à mão! Eis uma atitude muito simpática, que demonstra apreço e gratidão. Se possível, tenha um pequeno cartão em branco só com seu nome para agradecimentos e pequenos recados.
– Escute mais. Fale menos. É uma forma de valorizar a palavra do outro (e a sua!).
– Peça desculpas se estiver errado – e quando estiver certo, se for preciso para evitar um conflito. Não precisa assumir uma culpa que não é sua. Mas que tal um: "Desculpe se me precipitei ou se não entendi o que você queria dizer" para acabar com discussões e desentendimentos? Tome a iniciativa!
– Seja paciente com as pessoas e as situações. Respire antes de tomar uma atitude extrema.
– Respeite as diferenças. Ninguém tem obrigação de ser e pensar como você. O que seria do azul se não fosse o amarelo?

– Não olhe apenas para o próprio umbigo. Perceba os outros à sua volta. Sem notar que existem pessoas à sua volta, não há possibilidade alguma de ser gentil.

Seja organizado

Segundo o *feng shui*, a milenar terapia ambiental chinesa, a desordem e a bagunça são inimigas da prosperidade. Ambientes caóticos, sujos e desorganizados provocam cansaço, imobilidade, engordam, confundem, deprimem. Afastam-nos das coisas importantes, prendem-nos ao passado, desviam-nos do foco, causam doenças, impedem-nos de ir adiante. Só com a arrumação dos ambientes é possível resgatar a harmonia.

No trabalho é a mesma coisa. Pessoas desorganizadas geralmente não prosperam. Vivem atrapalhadas, começam um milhão de coisas e não terminam, estão sempre com aquele semblante desesperado de quem não tem tempo, agitam-se demais e produzem pouco. Por causa da bagunça interior (e exterior), são mais estressadas e ansiosas. Sofrem mais, ganham menos. Já as organizadas são mais produtivas e calmas, preocupam-se com o momento, não são surpreendidas por um turbilhão de problemas. Sofrem menos, ganham bem mais.

Por que uns são mais organizados do que outros? Estudiosos da genética do comportamento já comprovaram: os nossos genes são responsáveis por no mínimo 40% do que somos. Ou seja, aquele colega metódico, prático e insuportavelmente sistemático que só se dá bem pode ter nascido com propensão a ter vantagens hereditárias sobre você. Mas isso não é desculpa. Educação, experiências de vida e hábitos respondem pelos outros 60% do comportamento humano. Organização é uma questão de treino. E, para quem nasceu com 40% de propensão genética a ser bagunceiro e desatento, um treino bem puxado, para a vida inteira. Mas o resultado vale a pena. Pense da seguinte forma: organizados economizam tempo, energia e dinheiro. Pulando refeições e sem tempo de almoçar? Esse é um dos primeiros sinais de desorganização. Comece arrumando a pasta com documentos relativos ao processo daquele cliente – se você não tem tempo de comer, há 99% de chances de que a pasta esteja caótica. Pena. Uma pasta arrumada passa a impressão de que você é organizado e dá segurança ao cliente. Quer se tornar uma pessoa organizada? Comece aos poucos. Arrume uma pasta, a mesa de trabalho, planeje seu dia e cumpra o que se propôs a fazer. Uma coisa de cada vez.

DICAS
Para colocar a bagunça profissional e pessoal em ordem
– Planeje o seu dia. Anote em um caderno as tarefas a ser executadas, por ordem de importância, e reserve um tempo máximo para executar cada uma delas. Nem sempre é possível seguir à risca o planejado – nem tudo depende de nós. Então, tente terminar o dia sem mudar muito os planos iniciais ou tarefas por fazer.
– Na mesa de trabalho deve prevalecer a estética minimalista. Jogue fora as bugigangas e livre-se da papelada. Deixe apenas duas caixas etiquetadas: "entrada" e "saída". Na primeira, guarde documentos relativos a assuntos a ser resolvidos – petições, cartas, pagamentos, ligações a fazer. No final do dia,

todos esses documentos devem estar na segunda caixa. Antes de sair, coloque os papéis em um local específico para guardar as tarefas já cumpridas. As duas caixas devem estar vazias.

– Tenha um porta-lápis com uma caneta marca-texto, de preferência amarela, canetas funcionando, lapiseiras ou lápis e borracha, um bloco de papéis, blocos *post-it* e cartões com seu nome para pequenos recados.
– Mantenha sua agenda telefônica manuscrita – resista à tentação de jogá-la fora; ela pode ser sua salvação se a eletrônica falhar.
– Ao sair do escritório para uma reunião, ir ao Fórum ou tomar um café, tenha no bolso um minicaderno de notas e uma caneta.
– Jogue o lixo e limpe sua mesa com um pano úmido antes de sair.

O jeitinho japonês

Calma lá, não é o que você está pensando. O *jeitinho japonês* em questão em nada se parece com o brasileiro, que serve de sinônimo para jogo de cintura, improviso, malandragem, esculhambação. Pelo contrário, tem a ver com eficiência, produtividade, organização, limpeza. Nada mais japonês – quem não se lembra dos torcedores nipônicos recolhendo o lixo (não o deles, o dos outros) após o jogo Japão x Costa do Marfim, na Copa do Mundo de 2014? Pois essa maneira limpa, organizada e disciplinada de encarar a vida fez o Japão prosperar. E pode ser aprendida. Até mesmo por um típico Macunaíma, o herói preguiçoso e sem caráter, personagem principal do livro de mesmo nome de Mário de Andrade. A metodologia cumpre o que promete. Prova disso é o êxito das empresas (inclusive as pequenas, como boa parte dos escritórios de advocacia) que adotaram o método. Todas (ou quase todas) registraram melhores resultados depois de instituírem os 5S. O método consiste em transformar o ambiente de trabalho em um local limpo e organizado, promovendo, assim, mudanças de comportamento e de atitude dos funcionários que, no fim, resultam em maior eficiência e produtividade. Para os japoneses, arrumação é tudo.

Os 5S são:
Seiri – **Utilidade**: saber separar o útil do inútil e livrar-se do que é inútil. Ter na mesa e no escritório só o essencial.
Seiton – **Organização**: cada coisa em seu lugar. Deve-se colocar tudo em ordem para qualquer pessoa localizar facilmente o que procura. No Japão, o nível de organização é bom quando um documento arquivado há mais de três anos é localizado em 30 segundos.
Seisō – **Limpeza**: limpar e manter limpo o local de trabalho. Sujou, limpou, imediatamente.
Seiketsu – **Saúde**: desejo de asseio e higiene. Mas não adianta limpar o local de trabalho se o seu hálito é ruim e seu sapato está furado.
Shitsuke – **Disciplina**: com o tempo, todas essas atitudes devem se tornar um hábito, e a prática dos 5S, um modo de vida.

Pontualidade

Polidez ainda não é uma qualidade moral. Logo, não é uma virtude. Exerce a função de "precursora" – faz-nos parecer virtuosos e, com a prática, torna-nos virtuosos. Por isso a polidez deve ser um hábito, escreve André Comte-Sponville, um dos expoentes da filosofia moderna, no livro *Pequeno tratado das grandes virtudes*. Assim como a polidez, a pontualidade pertence ao limbo dos atributos sem designação. Não ostenta o título de virtude (sequer foi citada por Comte-Sponville em sua obra ou por outro filósofo como tal). Uma injustiça. A pontualidade nos eleva moralmente, sim. O homem pontual é, antes de tudo, um homem polido. Demonstra consideração e apreço por quem o aguarda. Chega no horário, pois tem consciência de que o tempo é o bem mais precioso que existe para todos nós, mortais, que, desde o nascimento, tentamos domesticar o tempo e lidar com o fardo da finitude. Pontualidade denota bons hábitos, responsabilidade, respeito, cumprimento de obrigações e prazos. Ser pontual é, no mínimo, ser confiável – precisa mais? Sim, existem maus profissionais pontuais, mas isso é exceção à regra. Ser pontual pode não ser uma virtude, mas denota, ao menos, boa educação – algo mais do que suficiente para fazer a diferença.

DICAS
Para não perder a hora nem se passar por leviano
– Se você tem uma reunião ou um compromisso pela manhã, separe, à noite, as roupas que vai usar.
– Também coloque o celular, o tablet e o laptop para carregar.
– Adiante seu relógio em pelo menos dez minutos.
– Não há grosseria maior do que fazer alguém perder tempo. Se quem o espera é um candidato a cliente, o mais provável é que ele desista de você se o atraso for demasiado. Você vai perder dinheiro e a oportunidade única de ser educado e respeitoso com quem o aguardava. Essa pessoa não vai mais procurá-lo.

Boa aparência

A patrulha do politicamente correto e os seus amigos *ongueiros* podem chiar e inundar as redes sociais com manifestos em prol dos desleixados, mal vestidos e, digamos, "desacostumados" com a higiene pessoal. Mas, doa a quem doer, verdade seja dita: cuidar da imagem é importante, sim! Não se resume a vaidade e frivolidade, como dizem alguns. É muito mais. Prezar pela boa aparência é, antes de tudo, respeitar o próximo – uma grande virtude, diga-se! Afinal, ninguém é obrigado a chegar ao escritório e dar de cara com um colega "das cavernas". Nem passar mal com o mau hálito do chefe logo pela manhã. Também é uma maneira de mostrar quem somos para quem não nos conhece. Não quer que achem você um *nerd*? Então não se vista nem aja como um! Imagem tem poder.

E que poder! Uma boa imagem pessoal conta pontos a favor em qualquer profissão. Em Direito, então, é condição *sine qua non*.

Claro que não basta uma boa aparência para fechar um contrato. Porém, um visual caprichado e limpo fará com que o seu provável cliente ao menos pense em contratar você. Numa entrevista de emprego, se dois candidatos são bem preparados e possuem as qualidades profissionais necessárias para o cargo que disputam, não duvide: será contratado o mais apresentável. Injustiça do entrevistador? De jeito nenhum. Quem entrevista não tem a obrigação de conhecer um candidato tão bem a ponto de não se deixar influenciar pelo seu visual e seus modos. Só os amigos de infância e sua família sabem quem você é – se é que sabem.

Quando crianças, somos ensinados a não julgar as pessoas pela aparência, pois isso pode levar a erros crassos. E muitas vezes leva. O problema é que nem mesmo o mais bem-intencionado dos seres humanos consegue agir da melhor forma possível sempre, ainda mais em ambientes profissionais. Associar a imagem pessoal a tipos de personalidade, índoles e aptidões é algo tão natural que, muitas vezes, foge ao livre-arbítrio. É comum fazermos o contrário, inclusive: imaginar como alguém é só de ouvir a descrição de seu perfil psicológico. Quanto pior for o comportamento de quem nunca vimos, mais ouvimos falar (mal) e mais feio o imaginamos.

Tome como exemplo Ricardo III, rei da Inglaterra (1452-1485), tido como feio e cruel. Boa parte da fama deve-se à peça *Ricardo III*, escrita por William Shakespeare, em 1590, na qual o monarca é descrito como um crápula disforme, corcunda, vesgo, cuja imagem espelhava a perversidade de sua alma. A análise dos restos mortais do soberano, recentemente, surpreendeu o mundo ao revelar outro Ricardo: alto, magro, de traços delicados. Ele podia até ser podre de tão ruim, mas era um verdadeiro galã para a época!

Bem, se até Shakespeare errou – às avessas, mas errou –, seja prudente: não deixe clientes, chefes e colegas errarem com você e tirarem conclusões precipitadas a seu respeito. Invista em sua aparência e cause uma excelente primeira impressão. Como disse Danuza Leão, "você nunca tem uma segunda chance para fazer isso".

Vista-se bem

O psicólogo Albert Mehrabian calculou o tempo necessário para alguém que não nos conhece tirar suas conclusões sobre quem somos em um primeiro encontro: trinta segundos. Nesse tempo são avaliados três aspectos da nossa imagem, cada um com um peso diferente no "parecer final": o que falamos, 7%; postura, voz e gestos, 38%; estilo, roupas, asseio, 55%. Isso mesmo: o seu estilo responde por mais da metade daquilo que pensam sobre você!

Pois é. Você é advogado e mora no Rio de Janeiro, onde na maior parte do ano a canícula impera? Se isso servia de desculpa para você trocar as meias finas e os sapatos por um par de *Crocs*, é hora de rever seus conceitos. O clima nunca autorizou nenhum advogado, de lugar nenhum do planeta, a trocar o terno bem cortado e a gravata por uma camisa polo e calça jeans. Nem a saia lápis e a blusa por rasteirinha e minivestido, modelito alto verão – ainda que a sua polo tenha um jacaré (Lacoste) ou o seu chinelo seja um indecentemente caro exemplar do designer Manolo Blahnik.

O que se espera de um advogado é paletó e gravata. No caso das mulheres, saias e calças de alfaiataria, bem cortadas, sem decotes ousados e estampas carnavalescas. Ponto. Polo é e sempre será uma camisa informal o bichinho verde e selvagem no seu peito esquerdo pode passar a impressão de que você tem dinheiro, mas não que é competente e sério o suficiente. Já a sandália de dedos... Bem, é um verdadeiro tiro no pé, não importa o preço que tenha pago por ela.

Tatuagens, *piercings* e cortes de cabelo estrambóticos também devem ser evitados. Como escreveu o americano Donald Dell (lenda do esporte internacional por trás dos contratos milionários de Michael Jordan e de outras centenas de atletas famosos) no livro *Nunca faça a primeira oferta*, antes de ter um nome consolidado e uma situação confortável, não faça nada irreversível em seu corpo – isso pode lhe causar prejuízos e você talvez se arrependa um dia. O que você quer é mostrar personalidade? Ok, mas não tente impor seu estilo no lugar errado. Um look exótico dentro de um Fórum só prejudica a sua reputação. Você é contra a formalidade dos escritórios e tribunais? Ou é contra todo o sistema capitalista engomadinho e coxinha em que vivemos? Se não é capaz de mudar a ordem das coisas, há duas opções: ou aceita a vida como ela é e muda a sua aparência para poder deslanchar na carreira ou desiste da profissão. O que não é admissível é colocar em risco os interesses de quem o contratou por causa de extravagâncias ou posicionamentos político-sociais. Uma certeza: não será exibindo alargadores e *dreadlocks* que você mudará o mundo.

DICAS
Siga religiosamente os 13 mandamentos da boa aparência
– Tome banho todos os dias. Você não está na Europa.
– Dentes escovados e fio dental passado, sempre. Teste seu hálito.
– Se o orçamento permitir, vá a um dermatologista para deixar sua pele à altura dos melhores clientes.
– Não use roupa amarrotada, a não ser que seja 100% linho.
– Tenha unhas cortadas e não as roa, nunca! Se for inevitável, corra ao banheiro e coma-as lá, escondido de todos, até encontrar um tratamento para o seu vício.

- Não mexa no nariz nem mesmo no trânsito (nunca se sabe quem está ao nosso lado esperando o sinal abrir). Pense que dentro dele tem uma cobra.
- Não use terno com tênis, você não é publicitário.
- Meias brancas só para correr e fazer esporte.
- Mantenha o sapato engraxado.
- Se você é homem e está andando de paletó, vista-o.
- Se o calor for senegalês, opte por camisas sociais de manga curta.
- Se você é mulher, use maquiagem leve. Você não está nos anos 1980.
- Se você é mulher, mas não está à frente do FMI, como Christine Lagarde, nem é a Rita Lee, considere tingir seus cabelos brancos.

Não tenha vergonha de procurar um coach de aparência

Advogados, juízes e promotores – todos acham normal procurar a ajuda de psicólogos, terapeutas, arquitetos e assessores de imprensa quando precisam lidar com problemas que podem atrapalhar suas carreiras. Mas ainda são poucos os que contratam um *personal stylist* ou consultor de imagem. Não deveria ser assim. "Para quem realmente almeja crescer na carreira, é de suma importância refletir sobre a imagem que deseja conscientemente passar. Ela deve estar em sintonia com os gostos pessoais, sem prejudicar a vida profissional", diz a consultora de imagem Adriana Baltazar, do Rio de Janeiro. "Na era da imagem, não basta ser competente, é preciso projetar uma convincente marca pessoal", explica. O mercado está cheio de profissionais especializados. Eles não cobram fortunas. Se você tem condições, pense no assunto. É um pequeno investimento, com altíssima rentabilidade.

O corpo não fala, grita!

17 de novembro de 1973. *O então presidente americano Richard Nixon nega, em cadeia nacional, o envolvimento no caso Watergate – operação de espionagem ilegal na sede do partido de oposição, o Democrata. Durante o discurso, Nixon alternou a postura para a frente e para trás inúmeras vezes.*

6 de janeiro de 1992. *Fernando Collor de Mello, ainda presidente do Brasil, nega em entrevista ao Fantástico, da TV Globo, as denúncias de corrupção que resultaram, posteriormente, em seu impeachment.*

28 de junho de 2011. *O goleiro Bruno, do Flamengo, nega ter assassinado a modelo Eliza Samudio (ele foi condenado a 22 anos de prisão pelo crime em 2013). Ao falar de Eliza, as expressões do rosto de Bruno mudavam, demonstrando extrema frieza.*

Os três episódios descritos têm pelo menos duas coisas em comum. A primeira: os protagonistas estavam mentindo. A segunda: as expressões faciais e corporais involuntárias denunciavam os farsantes.

É fato comprovado: cerca de 90% das pessoas que mentem acabam se entregando ao falar uma coisa, mas aparentar outra. Os especialistas já identificaram 35 sinais comuns entre os mentirosos – alguns deles são sinais sutis, que podem passar despercebidos aos desatentos, e outros, mais fáceis de notar.

A linguagem corporal tornou-se bastante popular com o seriado *Lie to me (Engana-me se puder)*, em que o ator Tim Roth interpreta um investigador especializado em comunicação não verbal. Esse assunto não se resume à detecção de mentiras. Gestos, posturas e olhares revelam raiva, ansiedade, arrogância, medo, entre outras emoções e traços de caráter, como mostrou o francês Pierre Weil (1924-2008) no primeiro livro de repercussão sobre o significado dos gestos e movimentos, *O corpo fala*. Por mais que tentemos persuadir alguém com um discurso falso, o *corpitcho* nos entrega.

Já aconteceu comigo. Em uma de minhas palestras, fui interrompido inúmeras vezes por uma advogada muito inconveniente e mal-educada, que me atacava pessoalmente sem nenhuma razão. Embora tenha respondido a cada uma de suas interrupções de forma calma e polida, o nervosismo e a raiva me consumiam por dentro. Não adiantou manter o tom de voz apropriado e fingir que não tinha me abalado. Comecei a me desconcentrar e a embaralhar as palavras. Meu corpo, como pude verificar depois em vídeos e fotos, estava duro, tenso. Enfim, meu corpo não falava. Gritava.

Alguns sinais do corpo, esse falastrão
- Cuidado com a voz: o tom alto pode indicar arrogância; o baixo demais, insegurança.
- Pernas e mãos inquietas sinalizam nervosismo e ansiedade, mesmo que você se esforce para parecer tranquilo.
- Mexer no ouvido ou no pescoço pode ser indício de insegurança. Já tocar no rosto está associado a sentimentos negativos. Tais gestos são comuns em mentirosos.
- Coçar a cabeça é sinal de dúvida.

– Batucar ou bater o pé no chão demonstra impaciência. Quem faz isso durante uma conversa não está prestando muita atenção ao que está sendo falado.

– Estufar o peito ou projetá-lo para a frente pode significar intimidação.

– Andar também revela coisas sobre você. Uma postura torta, encurvada, sinaliza desânimo e depressão.

Por falar em corpo...

Não tem nada pior do que um advogado desleixado, seja homem ou mulher, com o corpo visivelmente abandonado, maltratado, fora de forma. Um corpo saudável também passa uma mensagem: a de que você é cuidadoso consigo mesmo e, provavelmente, com os outros também, inclusive como advogado. Além disso, tratar bem seu corpo é uma questão de saúde. Você pode até ficar bem de vida ignorando totalmente as recomendações de praticar exercícios e comer bem, dando valor e atenção apenas à sua mente. Mas um dia esse descuido pode pegá-lo de surpresa. O bem-estar mental, necessário para o trabalho de um advogado, depende do bem-estar do corpo e vice-versa. Como diz a famosa citação latina, *Mens sana in corpore sano* (mente sã em corpo são).

Não se isole

O francês Luís XIV (1638-1715), também conhecido como Rei Sol, era um soberano muito esperto – não à toa é o mais famoso, reverenciado e lembrado entre os monarcas absolutistas. Quando decidiu construir sua residência, o

Palácio de Versalhes, exigiu que ele fosse erguido de forma a permitir que outros compartimentos se comunicassem com os aposentos reais. Em suas dependências, Luís XIV exibia-se em situações cotidianas, como no despertar e nas refeições, para os escolhidos de sua corte. Divididos em grupos, os visitantes com permissão para entrar chegavam até o monarca para admirá-lo e saudá-lo diariamente por seis entradas distintas previstas no projeto arquitetônico inicial. Tudo pensado nos mínimos detalhes para exaltar e lapidar a figura real.

Luís XIV sabia da importância de manter contato frequente com quem o cercava e marcava sua presença por meio desses rituais. Caso se mantivesse longe de amigos e inimigos, invisível, seria esquecido, e seu reinado, sabotado.

Já se passaram mais de trezentos anos e a humanidade não mudou no que diz respeito à importância do "ver e do ser visto" – não será um advogado a mudar as regras.

Como disse o cineasta Woody Allen, 80% do sucesso é aparecer – em qualquer profissão ou atividade. Na advocacia, fazer-se presente também é fundamental. É preciso ir ao Fórum despachar com juízes e servidores públicos? Vá. Você pode delegar a tarefa e ficar no escritório redigindo petições, atendendo e prospectando clientes (isso também é importante para a carreira). Mas, pelo menos de vez em quando, dê o ar da graça. As pessoas sentem-se prestigiadas quando o advogado, não somente o estagiário, vai até elas. É uma estratégia parecida com a de Luís XIV. Nem sempre é fácil abdicar do pouco tempo que temos para fazer algo pessoalmente, mas faz toda a diferença.

Graças à conectividade, muitos profissionais trabalham em casa. É o chamado *home office*, uma excelente maneira de economizar tempo (no trânsito) e dinheiro (aluguel, luz, wi-fi, gasolina). O modelo é vantajoso, principalmente para os que estão no início de carreira. Porém, quem decide trabalhar em casa perde em outros aspectos: deixa de encontrar os colegas no cafezinho da empresa ou de conhecer outras pessoas no percurso entre casa e trabalho ou na hora do almoço. Para quem tem condições financeiras, aconselho ter um escritório, mesmo que pequeno, a certa distância do lugar onde mora. Poder acompanhar processos judiciais sem sair do lugar – em uma viagem, na mesa de um bar ou na casa da sogra – e peticionar a distância, de qualquer lugar do mundo, é, sem dúvida, uma conquista enorme. Quem não sonhava com isso há duas décadas? Mas não caia em tentação. Para um advogado, o *networking* é imprescindível. Não se acomode nem se isole. Circule!

Não se gabe

Sisudos, sérios, arrogantes, de fala difícil e empolada (indecifrável, até). Assim é e assim se comporta um advogado, de acordo com a percepção de nove em cada dez pessoas. E, realmente, muitos são e agem dessa maneira. Há quem associe a soberba e a insolência exalada por colegas ao "doutor" que precede seus nomes. Concedido por Dom Pedro I (Lei do Império, de 11 de agosto de 1827), o título provoca a revolta de outras categorias profissionais não agraciadas com a distinção, que a consideram "coisa do Brasil Colônia", que estimula a "subserviência dos menos favorecidos aos mais abastados". Bem, mas deixemos a polêmica para outra ocasião.

A empáfia ainda faz parte do *manière de vivre* dos advogados, não há como negar. Principalmente nos grandes escritórios. Estagiários e recém-formados observam seus superiores e decidem imitá-los, achando que dessa forma vão chegar lá. Bobagem. Os que se portam assim geralmente não são os melhores nem se preocupam em ganhar causas – querem mostrar quanto são influentes e sofisticados. Mas eles estão, digamos, desatualizados.

Pavonear-se, gabar-se, achar-se superior é coisa do século passado (os anos 1980 estão aí para provar). Neste início do século XXI, não há quase espaço para a ostentação – a não ser no *funk* paulistano ou no exibicionismo patológico do pugilista Floyd Mayweather e de alguns novos ricos de nações emergentes. Não é mais sinônimo de sofisticação e classe (nem de riqueza, já que os muito, muito ricos mesmo estão mais discretos do que nunca). É algo cafona até.

Ser sisudo e pernóstico também não faz ninguém ser visto como mais sério e mais competente nos dias de hoje. As descontraídas e "descoladas" empresas de tecnologia do Vale do Silício mudaram o *status quo* com suas invenções mirabolantes e têm influenciado o comportamento mundo afora. Está longe o dia em que os advogados se vestirão com tênis, camiseta e calça jeans com cueca aparecendo. Mas o empreendedorismo, a vida "em rede" (a economia compartilhada é um exemplo), a cooperação e o *networking* (todos se ajudam, todos se conhecem) e outros aspectos da cultura *geek* já estão entre nós, em maior ou menor grau – basta um olhar atento para notá-los, até mesmo no Direito.

Por essas e por outras, o "rei" e a "rainha" do Fórum – os queridinhos dos magistrados, com seus amigos influentes e relógios de luxo – têm perdido, aos poucos, a majestade.

O italiano Piero Calamandrei, no livro *Eles, os juízes, vistos por um advogado*, conta que até o mais modesto dos advogados pode ganhar de um profissional estrela se souber expor seus argumentos com clareza e simplicidade. A melhor forma de se obter vantagem em um debate ou pedido, diz Calamandrei, é ser humilde e mostrar respeito, não impor a sua pseudoimportância a um juiz. O estrelismo pode, no fim, ser um tiro no próprio pé.

> **Mais humor, por favor!**
>
> Humor – só ele salva! Um pouco de graça pode acabar com situações constrangedoras ou evitar que um desentendimento se transforme em uma briga séria. Na medida certa, não desmerece o piadista nem desonra o interlocutor. Eis um episódio improvável. Aconteceu comigo. Sou leiloeiro, ocupação personalíssima e de confiança do Juízo, por isso dependo da benesse de um juiz para ser nomeado. Certa vez, meu estagiário, que me acompanhava, resolveu tomar minhas dores e perguntou ao magistrado por que ele havia escolhido uma mulher para o posto que eu pleiteava. Percebendo que o garoto, sem razão, estava bastante zangado e decidido a criar uma confusão daquelas, o juiz disparou: "Eu a escolhi como leiloeira porque ela tem uma bunda bem mais bonita do que a do Leonardo". Por essa ninguém esperava, muito menos o estagiário, que, desconcertado, acabou saindo do seu transe bélico momentâneo. O juiz saiu-se muitíssimo bem. Em vez de se valer da sua posição e mostrar quem, de fato, mandava ali, colocando o garoto em seu devido lugar, resolveu o impasse com simpatia. E, claro, muito bom humor!

Quem conta um conto aumenta um ponto
– Não conte seus feitos. Eles não interessam a ninguém, a não ser à sua família.
– Não faça questão de parecer rico. Se você tem relógios caros, canetas e gosta de roupas de marca, use-os com naturalidade. Como os ricos de verdade fazem (à exceção dos *nouveaux riches*).
– Fale baixo e não interrompa o outro.
– Se quiser vender algo, como os seus serviços, faça o outro desejar o que você quer vender. Não tente impor nada.

Não trate ninguém como idiota, nem mesmo um idiota

Olavo de Carvalho, filósofo brasileiro, em seu livro *O mínimo que você precisa saber para não ser um idiota*, nos pergunta se conhecemos pessoalmente algum. Claro que conhecemos. Há vários deles na nossa profissão, como em qualquer outra. E, como a pedra no meio do caminho do poema de Carlos Drummond de Andrade, eles estão sempre lá, no caso, a atrapalhar nossa trajetória profissional. Muitas vezes um acordo não é fechado por causa de um idiota. Você pode ser maltratado no tribunal também por causa de um idiota.

Devemos aprender a lidar com eles. Em primeiro lugar, um idiota nunca sabe que é um idiota. Ele pensa que o idiota é você. Possui um ego enorme, talvez por má-criação, trauma de infância ou por arrogância decorrente do sucesso. De uma forma ou de outra, você precisa enfrentá-lo. O livro *Odeio gente!*, de Jonathan Littman e Marc Hershon, reúne dicas para conviver com pessoas do tipo I (idiotas, imbecis, i...) no trabalho, em viagens e no dia a dia. A principal: um idiota não é burro e percebe quando alguém o trata como o que de fato é: I-D-I-O-T-A. O que fazer? Primeiro, diminua seu grau de exigência. Não adianta olhar feio nem ser irônico – ele nunca entenderá com clareza o que você está pensando. Dessa forma, evitará mais aborrecimentos. Mas tome cuidado! Muitas vezes, somos induzidos a pensar que alguém é idiota. Nesses casos, o idiota é você.

Atoleimados, modo de usar

– Você não deve mudar sua opinião, mas guarde-a para si. Caso contrário, pode deixá-lo raivoso, o que não é bom: idiotas costumam ser rancorosos e vingativos.

– Não tente provar a um idiota que sabe mais do que ele.

– Fuja de polêmicas. Vá pelas beiradas, buscando a concordância dos assuntos mais prováveis, que sejam senso comum.

– Seja simpático e nunca, em hipótese alguma, o interrompa. Deixe-o falar.

– Não leve para o lado pessoal e evite que o idiota o faça.

Tenha sede de realizar

Arnold Schwarzenegger não é advogado nem pretendia ser, mas, na autobiografia chamada *Total recall*, ele diz que seus sonhos foram do impossível ao possível. Como pode um menino nascido em um pequeno povoado da Áustria destruído pela guerra nazista tornar-se Mister Universo, ator de Hollywood, rico empresário do ramo imobiliário e ainda governador da Califórnia? Esse homem deu os seguintes conselhos para justificar seu sucesso, que servem perfeitamente para qualquer advogado ou estagiário que almeja o céu estrelado:

- Nunca siga a multidão. Vá para o lado oposto.
- Não importa o que você faça na vida, vender faz parte.
- Nunca deixe o orgulho atrapalhar seu caminho.
- Não pense demais.
- Esqueça o plano B.

Schwarzenegger sabia que, para ter algo, é preciso dar o máximo. E, depois, o máximo do máximo! A sede de realizar é o que nos transforma em ser quem somos.

Não julgue

O julgamento antecipado é um crime. Uma vez, meu filho Gustavo, de 10 anos, me contou a seguinte história:

Um sujeito morava no campo e resolve criar um lobo que encontrara ainda filhote. O tempo passa e todos o criticam pelo perigo de adotar o animal. Certo dia, ele resolve fazer uma viagem. Com tantos conselhos, decide amarrar o lobo em uma árvore.

De volta à cidade, no trajeto de casa, o homem leva um susto! A coleira do lobo, já adulto, estava solta. Ao ver sangue no caminho, ele corre para a sua residência. Ao chegar lá, desesperado, pega sua arma e se prepara para atirar. Ao ver o animal com sangue, imagina que o lobo assassinara sua mulher e dispara contra a cabeça dele. Ao entrar no quarto, encontra a esposa salva ao lado de uma onça sem vida. O lobo acabara de matar a onça para defendê-la. Ainda cambaleando, ele sai do aposento arrependido e começa a chorar. Aquele homem sabe que nada poderia fazer para consertar seu julgamento antecipado.

A história serve para ilustrar o julgamento antecipado das pessoas, assim como suas consequências. Como advogados, devemos sempre entender os dois lados de cada situação e não apenas nos guiar pela primeira impressão. As aparências enganam!

DICAS
– Não expresse sua opinião quando não for solicitado. Isso causa desconforto desnecessário.

– O norte-americano Dale Carnegie, escritor de autoajuda mais lido do mundo, afirma em seu livro *Como fazer amigos e influenciar pessoas* que a única maneira de evitar uma discussão é evitando-a. Isso deve servir de conselho em dobro quando percebemos a idiotice de um oponente. Também devemos ter cuidado ao identificar um esperto passando-se por idiota durante uma negociação.

Respeite os mais velhos

Ben-Hur, do diretor William Wyler, vencedor do Oscar de Melhor Filme em 1959, ensina como tratar os outros com respeito. No longa, o rico comerciante Judah Ben-Hur, interpretado por Charlton Heston, é um nobre judeu na Palestina dominada pelo Império Romano. Para sua surpresa, Messala, seu amigo de infância (vivido por Stephen Boyd), é o chefe das legiões romanas. Quando Judah Ben-Bur, líder entre seu povo, chega para encontrar Messala, esse adverte o seu soldado com a interessante frase: "Ele não deixa de ser um nobre. Trate-o como tal!".

Essa declaração é uma reverência! Sim, poderia ser desnecessária. Afinal, Messala é o chefe da legião romana na Palestina, então invadida. Além disso, os judeus estão subjugados ao Império Romano. No entanto, Messala agiu dessa forma por deferência e respeito.

Assim devemos tratar os juízes. Um juiz é sempre um juiz – e deve ser tratado como Excelência. Não importa se ele está de pijama, de sunga na praia ou de terno. É uma questão de respeito ao cargo outrora ocupado ou atual, assim como ao trabalho já realizado ou que está sendo feito. Por sua posição, não importa se ele continua no exercício da profissão ou não. O mesmo vale para advogados bem--sucedidos ou não, além de homens mais velhos, pois todos foram ou são profissionais como nós e merecem ser tratados com dignidade. Agir com cavalheirismo é uma prova de classe – é o que nos diferencia e nos coloca um passo à frente dos outros.

2. A FIRMA COMO ELA É

Ninguém nunca ensinou como um advogado deve se comportar. E esse, garanto a você, é um dos motivos pelos quais muitos não prosperam. O mundo do Direito é implacável – cheio de regras, etiquetas, melindres. Um ambiente sem igual.

Um advogado que não deu certo deve atribuir o seu fracasso a si mesmo. Constância e persistência pesam muito. O jeito de agir no ambiente profissional pesa tanto quanto ou mais. Não importa se o escritório é seu, se é pequeno ou gigantesco. Você está em um ambiente onde o civilizado predomina e o selvagem se perpetua. Os ternos, saias lápis e palavras rebuscadas são o verniz. No fundo, é cada um por si, salve-se quem puder.

Nenhuma outra profissão, pelo menos que eu saiba, compreende tamanha divergência.

Convencido? Então, fique de olho em você. Seja o radar das próprias imperfeições. Conseguiu o estágio dos sonhos, mas só quer saber de copiar e colar? O Google é uma conquista da humanidade – mas não substitui a dedicação, a experiência e o estudo aprofundado. Nenhuma solução vem pronta e é degustada em milionésimos de segundos, em um simples clique em um site de busca. Vamos pensar de outro jeito. Você se inscreve em uma academia, mas isso não quer dizer que você ficará em forma. O espaço, os aparelhos e os professores podem até servir a todos, mas os benefícios dependem do esforço e da vontade próprios de melhorar. O resto é papelaria.

3. PRODUTIVIDADE, PRODUTIVIDADE

Azizi Ali, escritor malaio de enorme sucesso na Ásia, escreveu no livro *Como ser um milionário ao extremo (publicado no Brasil)* sobre a importância de não ser moderado. Para ele, o profissional deve trabalhar até a exaustão. Se almeja o sucesso, não deve tentar o meio-termo. Quando ficamos doentes, não procuramos um médico moderado, que trabalha poucas horas por dia a fim de se dedicar aos esportes, à saída com os amigos, aos cuidados com a família. Quando ficamos doentes, queremos um médico radical, que se mate de trabalhar, que esteja no consultório dia e noite. É isso que o transforma em um medalhão! O termo, aliás, só é aplicável para o profissional extremamente dedicado. Os esportistas mundialmente famosos perderam a vida treinando.

Trabalhar duro vai fazer com que sua meta seja cumprida. Se você não se conforma em trabalhar mais de 10 horas por dia, acha que isso é coisa do passado, julga-se um representante máximo da geração Y (aquela que preza a felicidade no trabalho e a qualidade de vida), tenho uma notícia que vai fazer seu mundinho perfeito desmoronar. Ninguém no mundo trabalha mais 8 horas por dia – agora é 24/24, sem exceção. É o preço a ser pago pela tecnologia, pela globalização, pela interatividade, pelo *smartphone*. Você pode achar que está com a vida ganha, mas é mera ilusão. Encontram você até durante suas férias interplanetárias, em Marte ou Saturno. Não há descanso. Só você não percebeu.

Bem, se não tem remédio, remediado está, dizia minha avó. Pare de contar os minutos, de querer bater cartão. Pense em produzir mais. No tempo em que for necessário. A linha que separa trabalho e vida pessoal, goste você ou não, está cada vez mais imperceptível. Pense em captar clientes na praia, na balada, no Facebook. Sem distinções. Um *chat* daqui, um dali e – epa! Eis que surge alguém precisando de um advogado como você. Se a labuta se resumir a oito horas recomendadas, você corre o risco de desaparecer profissionalmente. Vai ser aquele cara "gente boa", que vai todo dia à praia e vive com os pais – porque prefere se satisfazer com o que tem. Não quer ser rico ou bem de vida só porque resolveu acreditar na mensagem do adesivo que viu no caminhão: "Não tenho tudo que quero, mas sou feliz com o que tenho". Isso é lindo! Lindo para religiões que pregam a pobreza, mas péssimo para os negócios, péssimo para a sua aposentadoria e péssimo para o vendedor de BMW, já que você nunca vai ter condições de comprar o modelo mais caro da concessionária. Ok, o BMW é só para polemizar. Esqueça-o. É péssimo para o motorista do Uber, limpinho, cheirosinho, educado. Para o dono da barraquinha que vende água de coco.

A economia precisa girar. Se não tiver o mínimo de ambição, é bem provável que, um dia, se depare com a dura realidade de, em uma crise econômica, em um dia qualquer, perder o emprego, não achar outro e chegar ao fim do mês sem ter dinheiro para o supermercado. Já vi acontecer. Não uma. Várias vezes.

O ator norte-americano Will Smith, dos filmes *Eu, Robô* e *Homens de preto*, entre tantos outros de sucesso, tem uma definição perfeita sobre trabalhar e ter sucesso. Ele diz: "Eu tenho uma ideia psicótica sobre perfeição e trabalhar duro. Quando era jovem, percebi que a pessoa que trabalha mais é a que alcança vitórias. Você sabe, é mais ou menos assim: enquanto um cara está dormindo, eu estou trabalhando. Outro cara está comendo, eu estou trabalhando. Captou?".

Will Smith vive para o trabalho – e *o* trabalho. É a sua vida. E por que não seria, se isso lhe faz bem? Chega de encarar o trabalho como sofrimento. Se é para ralar, rale feliz! Já que sua profissão não é "herdeiro" (ouvi essa resposta uma vez, sério), aproveite seus momentos de ralação: trabalhe consciente, focado e tenha em mente a importância do seu ofício. Mais tarde você será recompensado. Nunca perca a pose, trabalhe e viva todos os dias como se fosse o mais importante do mês. Na manhã seguinte, repita o pensamento, e assim sucessivamente. Não é tão difícil quanto parece.

Dar duro para ter mais que os outros não é uma ideia nova. É um pensamento anterior a Jesus Cristo. Ele próprio pegou no pesado mais que outros pregadores de sua época. Trabalhou tão duro que não nos lembramos de nenhum outro há dois mil anos. Só dele.

Agora dá para entender aquele chefe estressado. Ele chega mais cedo que os colegas no escritório e sai mais tarde. Você pode dizer: "Não trocaria a minha vida pela dele". É mesmo? Nem ele trocaria a vida dele pela sua! Enquanto seu expediente acaba às 18 horas, o dele vai até as 21 horas. Ele volta para casa no Land Rover blindado, que sempre quis ter. O apartamento dele é de frente para o mar, na Avenida Delfim Moreira, um dos pedacinhos de chão mais caros do planeta, na estupenda orla do Rio de Janeiro. Ele sempre quis morar ali e conseguiu. Férias, só no Primeiro Mundo, com compras liberadas (inclusive para a mulher), mesmo com o dólar valendo quatro vezes mais que o combalido real. Lembrou-se do busão, da vista para o morro, da canícula daquele seu apê alugado na Tijuca? Pois é. Ele trabalha mais que você, pois provavelmente não encara o trabalho como um fardo. Não fez faculdade melhor nem teve um pai mais carinhoso. Tampouco nasceu virado para a lua. O mundo – definitivamente – não é injusto.

Lembra do termo *workaholic*? Caiu em desuso. Foram poucos os viciados em trabalho que morreram de overdose. Existem mais aposentados morrendo de tédio em Miami que *workaholics* morrendo de tanto trabalhar no Rio de Janeiro, São Paulo ou Nova York. Nenhum médico que trabalha muito morre mais cedo do que os que trabalham pouco. Nem é mais infeliz, pois consegue satisfazer todos os seus desejos. De quebra, ainda ama o que faz!

DICAS
– Chegue cedo e saia tarde. O horário é o de menos – eficiência é o que conta.
– Se não tiver o que fazer, invente, mas nunca fique brincando na internet.
– Visite pessoas.
– Confie nos outros, mas confira tudo que pediu para ser feito.
– Não delegue tanto, você pode parecer preguiçoso, mas não tente fazer mais do que pode. Equilíbrio é o segredo. Caso delegue, cobre.
– Foco. Não perca tempo fazendo várias coisas ao mesmo tempo. Faça o mais importante. Priorize. Saiba aonde quer chegar. Trace um objetivo e não desista. Persista.

O dia tem 24 horas

Para quem dá duro, trabalho é lazer. Para quem trabalha pouco, até o pouco é desespero. Tive um estagiário no escritório de leilão que chegava e saía pontualmente nas horas estabelecidas. Não entrava no Facebook e só falava com os pais e a namorada por mensagens de texto. Atendia o telefone apenas para o essencial. Era super-responsável! Um dia, fui obrigado a fazer cortes de pessoal. Ele foi o primeiro a ser demitido. Ao saber da notícia, me indagou sobre suas qualidades. Disse: "Então, Dr. Leonardo, por que o senhor me demitiu, já que sou ótimo?". Respondi: "De estagiários ótimos o mundo está cheio. Gostaria de estagiários incríveis, que realmente gostassem de trabalhar. Olhe o Japão, repare na arrecadação das empresas. Agora, veja o Brasil... Não precisamos apenas trabalhar, precisamos produzir muito!".

Quem está preocupado com o relógio dá a impressão de que não liga para a produtividade. E não liga mesmo.

Mostre serviço

Se você é mais um advogado de um grande escritório, peça para fazer qualquer coisa – pode ser uma petição ou uma pesquisa. Não espere ninguém pedir Demonstre entusiasmo. Isso conta na hora de pedir um aumento ou trocar as férias. Se não há entusiasmo, mude de emprego. Ou de profissão.

Quando ocorrer algo errado, prontifique-se a detectar o problema e a solucioná-lo, mesmo que o erro seja seu. Relate. Seja claro e espontâneo. Não conte com um prêmio, mas com um reconhecimento. Ouse, seja inovador, criativo e apresente novas ideias. Não tenha medo de arriscar.

Não perca tempo

Não tem como! As pessoas estão viciadas em celulares, agora evoluídos à categoria de *smartphones*. Elas ficam vidradas a cada toque. E, quando não emitem sons, os aparelhos vibram, levando embora a atenção dos donos. Pode reparar. As pessoas que não tiram os olhos do celular geralmente ganham mal. São secretárias ineficientes, *office boys* e estagiários. Por isso, quando for prospectar um cliente, não fique diante da telinha enquanto o aguarda. Também não leia revistas na sala de espera. Aproveite para repassar na cabeça o que vai falar e como deve se comportar. Prepare-se mentalmente.

Ao usar o celular para checar os e-mails e mensagens de WhatsApp, você pode receber más notícias que vão atrapalhar a reunião. Não arrisque checando o que pode ser feito poucos minutos depois. Evite riscos desnecessários.

Um exemplo: Inácio era o maior captador de clientes do escritório. Eram mais de 20 advogados defendendo o interesse de grandes multinacionais. Em um fim de semana, após ter velejado no Iate Clube do Rio de Janeiro, ele limpava seu barco ao lado de outra pessoa que fazia o mesmo. Começaram a conversar. Inácio ficou contente em conversar com alguém tão simpático, que também gostava de velejar e, ainda por cima, era sócio do local. Trocaram telefone e ficou combinado um encontro no escritório do sujeito no dia seguinte. Inácio fez tudo certo. Chegou mais cedo, sentou-se na recepção e esperou ser anunciado para a reunião. Como tinha tempo, começou a conferir os e-mails, as mensagens de WhatsApp e não viu o tempo passar. Nem percebeu ao ser chamado pela secretária, que também estava atarefada. Ou seja, acabou perdendo o horário. Ao olhar o relógio, haviam se passado vinte minutos do horário marcado. Ao dirigir-se à secretária, soube que não poderia entrar mais, pois o horário da reunião tinha praticamente acabado. Resultado: ele perdeu a chance de ter um novo cliente. Além disso, causou a impressão de ser desatento demais para ser advogado dessa empresa. Não só perdeu o cliente, como a confiança de um possível cliente. O relato é triste, porém verdadeiro. Lembre-se: é preciso foco.

Existem vários profissionais que marcam com antecedência uma reunião com o cliente, estagiário ou colegas e, durante o encontro, ficam ao celular. Isso é horrível, de extremo mau gosto! Trata-se de uma atitude intolerável, de falta de educação. O advogado pode ser ótimo, um especialista, mas com certeza não é o único profissional excelente do quarteirão!

Moral da história: o celular prejudica o raciocínio (tudo bem, ele paga contas, indica caminhos, diverte, manda mensagens...). Mas evite conversas desnecessárias. Você pode roubar o seu próprio tempo, que seria mais bem utilizado para chegar mais cedo em casa, ficar com a família ou se exercitar. No dia seguinte, você não vai lembrar com quem falou, o que falou, mas vai lembrar o que não fez por ter perdido tempo. Largue o *zapzap* e vá viver!

DICA
– Ao se reunir com alguém, olhe nos olhos, mostre interesse, afaste-se do celular.

O poder das listas

Escrever antecipadamente uma lista dos afazeres do dia seguinte é algo simples e eficiente. A menos que você seja genial e tenha capacidade de memorizar tudo que precisa saber, assim como tudo que já foi executado. Comece pelas tarefas importantes. Você define a prioridade. Escolha um caderno de bolso, embora possa fazer os registros em sua agenda digital. Em seguida, risque cada tarefa à medida que vai sendo concluída. Não se dê por satisfeito até que a última seja finalizada. Isso vai fazer com que, da próxima vez, você possa calcular melhor o seu tempo e limite.

Não anote nada que possa ser postergado. No caderninho, a praticidade é enorme! Você mensura cada passo. O *backup* fica guardado na agenda digital para lembrá-lo do que fez e quando fez.

Não tenha preguiça de consultar suas tarefas. Não pule a ordem estabelecida. Se você tem uma audiência, por exemplo, registre o horário do início e do término.

Seja rigoroso consigo mesmo. Exigente. Seja o seu próprio carrasco! Ao fim do dia, quando chegar em casa, vai ser gratificante. Você terá orgulho de si mesmo! Com toda a razão.

Lembre-se! Não faça várias coisas ao mesmo tempo, mas sim uma de cada vez, com calma e serenidade. Só vá para outra tarefa se tiver concluído a anterior.

No livro *Focus: a simplicity manifesto in the Age of Distraction*, o escritor norte-americano Leo Babauta diz que fazer várias tarefas simultaneamente propicia o erro. Se estou batendo uma petição, por exemplo, e atendo a minha mãe ao telefone, vai demorar alguns segundos para eu retornar à linha de raciocínio. Ao ler o livro e perceber isso, coloquei na porta de meu escritório um cartaz dizendo o seguinte: "Se você não é capaz de resolver um problema quando é pago para isso, e ainda vai me interromper, não merece um aumento. Então, por favor, pode entrar! A casa agradece".

Esta explicação serve de exemplo. Após preencher sua lista, não perca as tarefas de vista. Não tire o foco nem fique de enrolação com você mesmo. Não se dê desculpas! Seja prático e dispense assuntos paralelos. Siga em frente para cumprir o que foi escrito.

4. ANTECIPE-SE E SEJA CLARO

Advogados trabalham com prazos curtos e cobranças longas para obter resultados que não dependem apenas do esforço deles. É possível fazer uma petição inicial bem fundamentada e se deparar com um juiz que entenda menos de Direito do que a gente – ou tenha um entendimento jurídico totalmente errado. No entanto, quem decide é o magistrado! Advogado e cliente sempre correm o risco de levar a pior.

Quando isso acontece são necessários novos esforços para o juiz reverter o julgamento. Tive um professor na Pontifícia Universidade Católica do Rio de Janeiro que dizia o seguinte: "Devemos peticionar ao juiz e imaginá-lo a pessoa mais burra do mundo ou a mais preguiçosa, tanto faz". Ou seja, devemos possuir o poder de síntese e explicar o que queremos da maneira mais clara possível. Só assim vamos alcançar os pedidos!

Um bom advogado também deve, sempre que possível, antecipar qualquer redação de petição para não contar com imprevistos de toda a sorte, como corte de energia, queda da internet, acidente pessoal, morte na família, batida de carro, uma discussão na rua que o leve para a delegacia etc. Inúmeras possibilidades podem conspirar contra você!

5. NÃO PROCRASTINE

Ao tomar ciência de uma decisão, elabore logo a petição necessária. Nada de preguiça! Trabalhe duro! Saia do escritório mais tarde, não deixe para o último dia. Se não sabe o que escrever, pesquise, faça o que tem que ser feito no máximo no dia seguinte. Seja claro ao escrever. Por isso, ao ter um prazo em mãos, saiba que é urgente. Os outros assuntos, como um encontro de amigos da faculdade, são apenas importantes. Cumprir os prazos antes do esperado é uma oportunidade de fazer mais. E de ter mais tempo!

DICAS
– Se tem algo para ser feito, faça já!
– Seja conclusivo. Ser conclusivo é terminar algo que você começou e entregar no prazo! Isso não serve só para os advogados, mas para todo ser humano!

6. SEU ESCRITÓRIO COMERCIAL NÃO É O DA SUA CASA

Nunca faça de seu escritório uma expansão da sua casa, com bibelôs, porta-retratos, bugigangas que o filho faz na escola, livros e mais livros que não são jurídicos. Sua sala deve parecer um típico escritório de advocacia. Não use incenso, flores de plástico ou de verdade. Talvez uma orquídea, bem colocada em algum vaso no canto. Na recepção, mantenha revistas atualizadas. Se achar que o cliente vai levá-las, tudo bem! Jornal do dia também impressiona, mas nunca deixe publicações velhas. Pega muito mal! Afinal, o cliente está esperando para falar com você e pagar por seus serviços. Nada de mesquinharias!

No verão, se o ar-condicionado estiver desligado, ligue-o próximo da hora de chegada do cliente. Isso causa boa impressão. E não se esqueça de pedir à secretária para oferecer um café à visita!

DICAS
Para receber bem o cliente
– Café à disposição.
– Ar-condicionado ligado.
– Som ambiente. Baixo, de preferência. Descubra o gosto do cliente antes.
– Revista e jornal atualizados.
– Secretária treinada para ser educada, sem conversas ao telefone nem para marcar hora. Peça a ela para avisar o cliente que você retornará em seguida. Isso deve acontecer assim que o cliente entrar na sala de reunião.

7. O TAL DO ORGANOGRAMA

Atualmente a advocacia se sofisticou. Os grandes escritórios não se contentam em ter apenas o trio formado por um advogado, estagiário e secretária. Hoje contam com um arquivista, mensageiro, telefonista, copeira, administrador e assessoria de imprensa. Uma vez formado em Direito, se você não quiser fazer concurso público, tem que pensar se o desejo é trabalhar para um escritório de grande porte, concorrer com ele ou se manter em um escritório pequeno com caráter personalíssimo. Temos as seguintes opções:

- Advogar para grandes escritórios.
- Advogar sozinho em um escritório pequeno.
- Advogar com colegas a fim de construir um grande escritório.

O mais importante, porém, é ter um planejamento bem definido. O norte-americano Napoleon Hill (1883-1970), maior especialista na área de realização pessoal e psicologia aplicada de todos os tempos, estudou ao longo de duas décadas grandes personalidades, como Thomas Edison (inventor da lâmpada elétrica), Graham Bell (comprou a patente do telefone e tornou a telefonia o que é hoje), George Eastman (dono da Kodak, patenteou a câmera fotográfica e inventou o filme fotográfico), Henry Ford (dono da Ford veículos) e John Rockefeller (magnata do petróleo, considerado o homem mais rico de todos os tempos). Autor de inúmeros livros, como *A lei do sucesso* (conhecido no Brasil como *A lei do triunfo*), entre tantos outros, Hill criou várias regras para alcançar êxito na empreitada de montar seu próprio escritório. São elas:

- Faça sociedade com pessoas que compartilham o mesmo pensamento.
- Defina um objetivo principal.
- Controle as finanças para investir no negócio.
- Tenha entusiasmo.
- Mantenha o hábito de fazer além do que é pedido e necessário. Isto é, dê a mais!

8. NÃO ENCUBRA SEUS ERROS

Acobertar a própria falha é o maior erro de todos. Um exemplo que apavorou o mundo das finanças foi o do britânico Nick Leeson. Ele simplesmente quebrou sozinho o Barings, até então um dos bancos mais tradicionais da Inglaterra.

No livro *Rogue trader: how I brought down Barings Bank and shook the financial world*, o ex-executivo conta a história que serve como exemplo do que *não* fazer – seja encobrir os resultados dos clientes ou mentir a respeito de decisões jurídicas desfavoráveis, mesmo ao se tratar de um erro crasso. Leeson tinha a responsabilidade de especular no mercado de futuro do Barings, mas, por falha de uma funcionária, cometeu um erro crucial no balcão de negócios. O que poderia ser facilmente consertado, inclusive com a demissão da funcionária, virou uma bola de neve. Isso porque o ego de Leeson fez com que ele fosse capaz de acobertar o próprio erro e repeti-lo sistematicamente, já que ninguém o tinha descoberto. Por fim, a perda de 32 mil dólares tornou-se um prejuízo de mais de 1 bilhão de dólares. Além de quebrar a instituição financeira, levou o responsável para a cadeia. Ou seja, não se deve fugir dos próprios erros. Assumi-los é sempre uma boa saída – até para consertá-los. Caso não seja possível, vale pedir ajuda de alguém mais experiente. Como já diria a antiga sabedoria popular: "Um erro encoberto acaba sendo descoberto"; "Mentira tem pernas curtas"; "Um erro não conserta outro erro".

No tribunal, é normal conhecer advogados que

trabalham sob pressão dos clientes, da própria família e dos prazos apertados. Perder um prazo é fatal para o advogado – todo esforço monumental vai por água abaixo caso isso aconteça. Embora seja quase o fim do mundo, não é. Se acontecer, comunique o fato imediatamente ao cliente para que ele decida se vai prosseguir com a contratação ou não!

DICAS
- Não esconda os erros cometidos no decorrer do processo. Assuma-os de forma clara e serena.
- Seja honesto com você. Não culpe o cliente ou o estagiário. A responsabilidade é sempre do advogado.
- Errar não é o fim do mundo, mesmo que a falha represente muitos prejuízos ao seu bolso e à sua reputação. Não os assumir pode causar um prejuízo maior.

9. MONTE A MELHOR EQUIPE

No filme *Adorável pecadora*, dirigido por George Cukor, Jean Marc-Clement, interpretado por Yves Montand, é um playboy que está sendo debochado em um show da Broadway. Ele resolve, então, verificar o fato de perto.

Para sua surpresa, a produção o acha tão parecido com o personagem que o convida para ser o protagonista, sem imaginar que se trata do próprio. Ao ver a estrela Marilyn Monroe na pele da personagem Amanda Dell, o milionário resolve se passar por um pobre coitado e aceita o papel. Nesse momento, temos uma verdadeira aula de administração de empresas.

No filme, Clement não sabia dançar, fazer piada ou cantar, mas queria o papel para seduzir Amanda. O que ele faz? Contrata o melhor dançarino, representado pelo incrível Gene Kelly, que o ensina a dançar, e chama Milton Berle, o melhor comediante da época, para lhe ensinar uma piada inédita. De quebra, contrata Bing Crosby, o melhor cantor, para lhe dizer como soltar a voz. Com a equipe montada com os melhores, é claro que o prêmio no final foi a conquista da garota desejada.

Na vida real, são inúmeros os casos de sucesso obtidos por meio de excelentes contratações. O jogador de basquete Michael Jordan contratou uma equipe de primeira para prepará-lo a ser quem é hoje. Michael Jordan não nasceu sendo a lenda Michael Jordan – tornou-se. Assim é que se deve montar um time. É preciso investir, preparar, e, se possível, pagar cursos para os assistentes, além de oferecer bons salários e um ambiente de trabalho saudável.

As ideias do escritor canadense Brian Tracy, autor de mais de 50 livros, caem como uma luva na hora de o advogado ser contratado ou de contratar pessoas. No livro *Contrate e mantenha as melhores pessoas – 21 lições para construir uma empresa vencedora*, ele diz que, ao contratar, é importante não seguir as regras do mercado de trabalho – ou do setor em que atua – em relação a pagamento de salários e outros benefícios. Segundo Tracy, o melhor critério é o potencial que o profissional pode agregar ao escritório. Segundo ele, os "bons não custam nada", pois acabam aumentando os lucros. Mas é lógico que quem contrata sabe bem o preço de cada novo funcionário. Se você não souber, ligue para amigos da área, informe-se a respeito de quanto eles pagam para a equipe. Para outros, pergunte quanto recebem, quanto o amigo do amigo desembolsa e assim por diante. Dessa forma você vai traçar um quadro real do mercado.

Uma vez resolvida a questão financeira, fique por dentro do que prega qualquer livro contemporâneo de administração: o ambiente de trabalho deve ser bom, sem gritaria, broncas, indiretas etc. Pagar bem não é o único benefício que os subordinados esperam receber. Muitos advogados, secretárias e estagiários mudam de emprego em busca de um ambiente de trabalho melhor.

Ao entrevistar alguém, saiba que ele tem dois números. O primeiro, de quanto ele sonha receber, ou seja, o valor do salário (que eu chamo de "doce emprego"), com o qual a pessoa deseja aumentar as despesas de casa, comprar mais roupas, matricular-se em um curso, casar e até noivar!

O segundo (que eu chamo de "amargo emprego") é o mínimo para que o indivíduo possa ter dignidade de trabalhar para você – com expectativas enormes de mudança de quadro! Ao contratar alguém, mostre exatamente o que espera da pessoa. Escreva em um papel todos os itens, a saber:

- Chegar cedo e sair mais tarde, se necessário (se conseguir fazer muito e bem-feito em pouco tempo, melhor para você!).
- Trabalhar no fim de semana, se necessário.
- Estipular metas de produtividade.
- Manter a mesa limpa.
- Não comer no escritório.
- Não ficar na internet o dia todo.
- Não ficar no celular o dia todo.

Por fim, dê as boas notícias! Seja claro a respeito dos benefícios e condições para ganhar comissão, aumento de salário ou posição de cargo. Cada escritório possui as próprias normas. Nenhum é igual ao outro. Não existem melhores ou piores regras. É como um bom pai. Não existe um melhor que o outro.

No meu escritório de leilão, contratei uma vez uma secretária sem experiência. O acordo foi que ela começaria com um salário abaixo da média. Se merecesse, em seis meses ganharia um aumento. Caso contrário, eu a dispensaria. Resultado: depois de três meses ela recebeu um aumento e está comigo até hoje!

DICAS
Conselhos para quem vai pedir emprego
– Pergunte se o emprego tem expectativas de aumento salarial e em quanto tempo isso pode ocorrer, bem como mudança de cargo e função.

- Identifique as expectativas do contratante.
- Confira se existe chance (em caso de bom empenho) de o contratante patrocinar cursos relacionados ao trabalho.
- Cheque se a empresa paga comissão e como paga.
- Pergunte o que mais incomoda no contratante e o que não gostava no funcionário anterior. Se ele for ético e não responder, ótimo sinal!
- Explique para seu contratante que você não quer pedir nada além do que ele pode dar, mas que não quer criar expectativas erradas. Diga que as perguntas são para entender a filosofia de trabalho do escritório.
- Se for estagiário, pergunte, sem medo, se o seu chefe ou alguém subordinado a ele terá tempo de ensiná-lo a fazer uma petição ou se vai ter que aprender apenas olhando. Afinal, perguntar não ofende, principalmente quando for para deixar as regras claras. Sim, perguntas são feitas em uma conversa de contratação. Depois disso, ninguém terá tempo para esse tipo de colocação.

Veja as regras a serem seguidas ao ir a uma entrevista de emprego
- Vá de terno! Advogados e estagiários usam terno. Caso não tenha, use uma camisa de manga longa!
- Não vá com relógio indiscreto (colorido ou enorme, de cor dourada), colar ou anéis.
- Não use *piercings* e brincos! O ambiente jurídico é mais formal.
- Chegue exatamente meia hora antes. Ao se apresentar, explique que se antecipou porque não queria correr o risco de se atrasar. Não precisa de mais explicações.
- Não fique ao celular. Desligue-o antes de entrar no escritório. O aparelho pode dispersar você. Concentre-se na futura entrevista.
- Lembre-se de que, ao entrar no escritório, você está sendo analisado pela secretária e até pelos novos colegas – inclusive por câmeras ocultas!

- Se for mulher, não use decotes, roupa sexy e muita maquiagem.
- Verifique se os dentes estão escovados e não chegue suado.
- Se for de terno, não tire o paletó! Mantenha a classe antes e durante a entrevista.
- Não roa unha nem coloque o dedo no nariz.

Funcionários: como lidar com eles

Em primeiro lugar, vale lembrar que o estagiário, a secretária, um advogado que trabalha para você, antes de tudo, são seus empregados. Não são seus parceiros! Eles recebem salário e estão subordinados a você. Também não são seus amigos. São colegas de trabalho. Você não precisa falar de sua vida particular. Muito menos contar segredos ou desabafar, pois a relação é de empregador e empregado. O respeito é o primeiro passo para o início de qualquer relação. Um depende do outro. Nada de indiretas sobre algo de que não gostou. Se não gostou, fale de forma clara e firme, olhando nos olhos. Não fale digitando no celular ou fazendo qualquer outra tarefa. Há quem chame essa conversa de papo reto ou *tête-à-tête* (os mais sofisticados).

Seus assistentes devem ser úteis e bons para você. Quando o cliente liga, é a secretária, com sua voz doce e calma, quem vai obter as primeiras informações, como nome, propósito e urgência do assunto. Caso a pessoa do outro lado da linha esteja muito zangada, a secretária poderá, com sua habilidade, acalmá-la e reverter a situação.

O estagiário, de outro modo, é eficiente ao adiantar as petições e checar com segurança o andamento dos processos. Com o trabalho dele, você tem tempo para captar mais recursos para o escritório e escrever boas peças processuais.

Um bom chefe escuta a opinião dos subordinados. Muitas vezes estamos prestes a tomar uma decisão ingrata, que pode nos colocar em uma situação difícil de reverter. Se você tiver excelentes funcionários, é provável que alguém possa, com liberdade, informar que essa decisão deve ser repensada.

DICAS
- Dê uma chance às pessoas que os outros não deram. Elas vão dar o melhor de si para manter-se no emprego.
- Busque os melhores profissionais, mas não olhe apenas as habilidades. Observe o caráter também.
- Dê sempre um *feedback* para os subordinados. Isso mantém a equipe atenta e ciente da sua liderança.
- Confie em cada um, mas confira todas as ordens dadas.

Elogie, sem piedade!

O pensador espanhol Baltasar Gracián (1601-1658) escreveu, no pequeno livro de aforismos chamado *A arte da prudência,* que devemos nos cercar de pessoas inteligentes. Para ele, o termo *inteligência* abrange também os leais, que naturalmente são recompensados com ótimos salários e bons modos vindos de nossa parte.

A sabedoria de Gracián tem mais de 300 anos e, pelo visto, o sentimento de gratidão não mudou. O ser humano gosta de ser respeitado. No seriado americano de drama legal *Suits,* criado e dirigido por Aaron Korsh, o advogado Harvey Specter (interpretado por Gabriel

Macht), seu assistente, Mike Ross (papel de Patrick Adams), e a secretária, Dona Paulsen, são ligados, acima de tudo, pela lealdade. Grosseiro, fútil, embora talentoso e bem-sucedido, Harvey representa o que um advogado não pode ser em relação aos colegas de trabalho. Dona, a secretária, além de trabalhar muito, possui gratidão e cumplicidade do chefe, protegendo-o. O assistente genial apenas se passa por advogado, mas suas atitudes vão além do esperado – até para um advogado de verdade. Ele se envolve genuinamente em causas, pesquisas, poupando Harvey de maiores estresses e preocupações. Assim deve ser sua equipe: leal e eficiente, mesmo em meio a problemas internos, o que não interessa a ninguém saber.

O valor dos "inexperientes"

Sempre achamos a grama do vizinho mais verde. O ditado popular é mais que verdadeiro e ocorre em todo tipo de situação. Principalmente na hora de ampliar o escritório. É quando nos damos conta de que aquele colega possui um estagiário ou advogado incrível! Resultado: nós o queremos em nosso quadro de qualquer jeito. Por que não fazer uma boa proposta de trabalho para o sujeito? Bem maior que faríamos para qualquer outro profissional, claro.

Desejo realizado, problema estabelecido. Com um pouco mais de um mês, a verdade aparece. Ele não é isso tudo. Ele não faz chover, acredita? A sensação é uma só. Você foi enganado. Enfim, o indivíduo não vale o salário que ganha e talvez seu antigo chefe esteja rindo à toa por ter se livrado dele. Talvez você tenha achado que, por conta de sua experiência, ele já viria pronto, treinado. Até com novidades na bagagem. Pura ilusão! A grama do vizinho de fato é mais verde – para quem cuida. Veja o exemplo de vários clubes de futebol! O Barcelona, um dos clubes de futebol mais respeitados do mundo, treina seus jogadores desde cedo. A Alemanha, campeã mundial na última Copa do Mundo, tinha a mesma equipe treinada anos a fio. Não trouxe nenhum novo talento de fora. O mesmo acontece com altos executivos de multinacionais poderosas. Na maior parte das vezes, eles fizeram carreira dentro da empresa. A Apple alcançou o ápice quando Steve Jobs, criador e cofundador da marca, assumiu a liderança. Antes disso, a presidência era ocupada por John Sculley, oriundo de outra gigante, a Pepsi. É importante pensar nos escritórios de advocacia como se fossem empresas, pois é assim que acabam sendo. Seja de pequeno, médio ou grande porte!

Seja um bom chefe, ou melhor, seja um líder

Explique com calma e pausadamente qualquer ordem. Depois de cumprida, confira. Isso não significa falta de confiança. Nunca grite nem dê indiretas para dizer que não está satisfeito com algo ou faça ameaças de demissão. Se alguém da equipe estiver com problemas pessoais, tente se colocar no lugar do outro e ajude-o. E não fale dez vezes sobre o mesmo assunto. Uma vez pedida, o esperado é que a ordem seja cumprida.

Elogie o trabalho bem-feito e entenda o motivo do

trabalho mal executado. Uma vez malfeito, dê uma segunda chance. Li em alguma reportagem que determinado executivo cometeu um erro que resultou em um prejuízo de 1 milhão de dólares. Ao saber que não seria demitido, perguntou para o presidente da indústria por que foi poupado. Foi quando ouviu a seguinte resposta: "Depois de gastarmos 1 milhão de dólares para você nunca mais repetir o erro, não iríamos contratar outra pessoa para correr o risco de perder o mesmo valor".

Também é prudente dar ordens por escrito para que elas não caiam no esquecimento. Peça sempre para a secretária anotar o nome completo da pessoa que ligou, além do telefone fixo e celular. Se houver resistência, sugira que ela brinque com a situação: "O senhor não vai querer que o meu chefe pense que não sei fazer meu serviço, não é? São normas do meu trabalho". Além disso, é bom ter um caderno de telefone com carbono do outro lado. O material é vendido na loja americana Staples. Talvez você até encontre no Brasil. É útil, pois a secretária pode destacar o recado do caderno e colocá-lo em sua mesa e guardar o original no histórico para eventuais consultas.

Lembre-se: o modo de falar é mais importante do que o próprio conteúdo. Tente falar sozinho antes, principalmente se for tímido ou nervoso. Isso não é motivo de vergonha! O paraibano Assis Chateaubriand (1892-1968) foi o maior magnata da TV brasileira entre os anos 1930 e 1960. Por ser gago na juventude, treinava a fala escondido em casa. Logo melhorou seu modo de falar e tornou-se uma celebridade. Se o assistente ou a secretária quiserem falar com seu cliente ou prosseguir numa captação sua, são necessárias algumas regras:

- Nunca tente enganar a secretária, dizendo que é uma pessoa que não é.
- Não seja grosseiro de forma alguma com a secretária. Se ela é grosseira, essa atitude tem o consentimento do chefe. Ele deve gostar do estilo dela. Secretárias refletem o patrão que têm.
- Não reclame da secretária de seu cliente para ele próprio. Ele não pediu sua opinião.

10. NÃO SEJA ESNOBE

Embora você seja o dono do escritório, o mais rico, e todo o mérito tenha sido seu, o fato não vale a pena ser lembrado o tempo todo. Não tenha dúvida de que parte da equipe gostaria de ser como você – e ter a metade das suas conquistas. Mas os colegas não lembram que você acorda cedo e dorme tarde. Eles também não sabem das inúmeras vezes que você deixou de sair com seu filho e não foi às festas do colégio dele. As únicas certezas visíveis são o carrão na garagem e os ternos caros que você usa.

Gostamos de nos presentear, claro. Afinal, merecemos. Porém, lembrar esse fato a todos causa desconforto. E esbanjar está fora de moda. Muitos integrantes de sua equipe vão achar que você comprou determinada peça ou produto à custa daqueles honorários polpudos no qual eles trabalharam e não ganharam comissão por já serem assalariados ou terem tido uma comissão baixa. Ter um chefe com um carro importado na garagem não motiva mais os outros. Funcionava nos tempos dos *yuppies*, nos anos 1980.

Se você quiser se presentear com artigos caros, não custa nada ser discreto. Pague uma primeira classe em vez de viajar de classe econômica. Em vez de morar na segunda quadra da praia, compre um apartamento na primeira.

Há um livro espetacular chamado *O milionário mora ao lado*, dos autores Thomas Stanley e William Danko. Trata-se de uma pesquisa que é um verdadeiro tapa na cara, pois revela que a maioria dos americanos ricos vive uma vida simples, sem ostentação. Prova disso é o próprio Warren Buffett, constantemente citado na lista das pessoas mais ricas do mundo. O investidor norte-americano possuía um Cadillac com sete anos de uso, trocado recentemente. Ele poderia ter um Rolls-Royce, mas optou por não ter.

Com esse livro, aprendemos a lição dos verdadeiros vencedores. Homens bem-sucedidos investem no próprio negócio a fim de aumentar o patrimônio. Eles não perdem tempo – e dinheiro! – com *status*. Isso acontece com nossos estagiários, advogados, secretárias e até alguns colegas. Essas pessoas não dão valor para bens de consumo caros, mas, sim, para o bem-estar e saúde financeira da família.

Não importa o que temos, o que herdamos ou como estamos vestidos. Um bom advogado se faz com atitudes. Nossos atos berram quando a vaidade fala alto. Warren Buffett já disse: "Wall Street é o único lugar para onde as pessoas vão de Rolls-Royce pedir conselho a quem pega metrô".

Harvey Mackay, autor de mais de 10 livros de negócios, sugere que devemos comprar carros baratos e casas caras. Ele diz, em um de seus livros, que existem muitas pessoas dirigindo veículos de luxo. Sim, qualquer um pode ter! Há financiamentos para isso, mas impressiona muito mais se você pode pagar um carro caro e dirigir um barato. Isso não tem preço!

11. NÃO SE RASGUE EM ELOGIOS PARA O JUIZ

Lembre-se: advogado e juiz são colegas de profissão. Não são amigos íntimos de corredor de Fórum. O juiz é imparcial. Já o advogado é totalmente parcial, por ocupar o lado do cliente. Claro que você pode ter um juiz como amigo, mas não é o caso. Existe uma linha profissional que separa os dois. Por isso, se for muito bem tratado ao despachar, não pense que o magistrado do outro lado da mesa está carente ou quer um amigo. Não force uma intimidade nem o presenteie por ter favorecido seu cliente. O juiz o beneficiou porque entendeu que assim deveria ser. Como servidor público, ele é pago pelo Estado para exercer a função, enquanto você foi pago por seu cliente exatamente para obter tal vantagem.

Uma carreira bem-sucedida de advogado se faz com muito estudo e trabalho duro em suas petições. Não com puxa-saquismo. Seja educado e gentil, sem excessos. Nada impede de conversar com ele sobre qualquer assunto, lembrando sempre que devemos cumprimentar uma autoridade com reverência. Se o magistrado não achar necessário, o próprio vai dar abertura. Não somos nós que devemos avançar o sinal.

> **Frases de efeito**
>
> Não há homem bem-sucedido e admirado que não fale frases de agradecimento e motivação de forma genuína. Não custa nada usar expressões de efeito para conquistar os outros. Não dói a língua ser

educado, não importa se o outro não pense como você. Ser grande é agir como tal. Cortesia é sempre bom, seja com amigos ou com um estranho. Aqui estão algumas frases que devemos falar sorrindo para nos fazer mais humanos:

- Eu sei que o senhor é muito atarefado, por isso...
- Por gentileza...
- Muito obrigado!
- Não sei como agradecer a gentileza!
- Desculpe-me, isso não vai acontecer novamente.
- Você é incrível!
- Você é um sucesso!
- Estou à sua disposição!
- Agradeço a gentileza!
- Obrigado pela oportunidade!
- Concordo!
- Sim!
- Sem problema algum, será um prazer!
- Estou sempre disponível!
- Você não vai se arrepender!
- É muito bom estar com você!
- Você foi maravilhosa!
- Você tem razão, me desculpe!

12. NÃO GARANTA RESULTADOS, DÊ SEGURANÇA

Muitos advogados, na ânsia de fechar um contrato, prometem resultados que independem de sua capacidade. Infelizmente, quem julga é o juiz. O magistrado baseia-se em estudos, na prática e também na simpatia que possui em relação a cada advogado. Dar a garantia de um resultado, portanto, é quase uma temeridade! A profissão de advogado é uma das mais ingratas entre tantas, pois os resultados não dependem unicamente de você. Não é matemática!

Para um engenheiro, por exemplo, construir uma ponte é relativamente fácil, pois depende da aferição de cálculos. Isso basta para a ponte não cair! Até o impacto de um terremoto é calculado na construção de algumas delas. No Direito, por sua vez, mesmo aqueles escritórios que ocupam andares inteiros nas grandes cidades e são respaldados por advogados renomados podem ver causas importantes ser perdidas para modestos escritórios do interior.

O jurista italiano Piero Calamandrei, autor do livro já citado *Eles, os juízes, vistos por um advogado*, afirmou isso há algum tempo. Muitas vezes, o juiz acolhe como uma mãe um advogado mais frágil. Isso porque a segurança deve ser garantida. A segurança é a nossa capacidade de ser firme em cada explanação!

DICA
— Comprometa-se a investigar o caso a fundo. Diga que vai estudar mais que qualquer outro advogado, até se tornar uma espécie de Sherlock Holmes do Direito. Se não puder dar garantias, fale que vai tentar virar o jogo.

13. SAIBA USAR AS PALAVRAS

Saber exatamente o significado de cada palavra é fundamental. Tenho uma história curiosa para contar. Meu avô materno tinha uma loja e, certa vez, meu pai chegou ao local e um funcionário comentou com ele que minha mãe tinha sido muito "sensual". Claro, meu pai estranhou. Achou aquilo esquisito, mas, como se tratava de um empregado antigo, não viu maldade. Depois de refletir sobre a situação, chegou à conclusão de que ele quis dizer que minha mãe tinha sido muito "sensata". O mal--entendido foi logo motivo de riso. Essas e outras expressões erradas podem causar sérios problemas na carreira – ser pago para não saber o que diz é imperdoável!

Meu conselho para qualquer estudante de Direito ou advogado em início de carreira é: meça suas palavras e seus textos. Sempre consulte um dicionário, não em qualquer fonte, mas o Aurélio ou o Houaiss. É de extrema importância saber os significados de cada palavra, assim como sinônimos e antônimos.

DICA
Veja algumas palavras parecidas
– Coser – costurar / Cozer – cozinhar.
– Concerto – espetáculo musical / Conserto – ato ou efeito de consertar.
– Emergir – vir à tona / Imergir – afundar.
– Infringir – desobedecer / Infligir – aplicar pena.
– Mandato – tempo de exercício de um cargo político / Mandado – uma ordem a ser cumprida.
– Eminência – proeminência; superioridade moral / Iminência – que está prestes a acontecer.

14. NÃO DÊ CONSELHOS POR TELEFONE

Muitas vezes alguns aproveitadores tentam arrancar de você um conselho jurídico. Seja em uma festa, em uma fila de supermercado ou mesmo por telefone. Por isso, cuidado! Na verdade, eles buscam uma resposta gratuita ou alguém para dar o caminho das pedras. Isso quando não querem checar se o advogado deles está trabalhando de maneira correta. Saia dessa cilada! Seduza-o para se tornar seu cliente! Por isso, se as orientações forem solicitadas em algum local que não seja seu escritório, entregue seu cartão e peça para que ele ligue para sua secretária a fim de agendar uma conversa.

Lembre-se: quando telefonam, os interessados em economizar uma consulta ou sondar o trabalho de seus advogados não vão direto ao ponto. Começam perguntando como estamos e como vai a nossa família. O que é bem diferente de um colega de profissão, quando nos procura para tirar uma dúvida. Não dar um conselho por telefone não vai fazer o provável cliente desistir de você – caso ele venha a contratá-lo. Você pode explicar que primeiro prefere analisar o caso com calma, a fim de entender os fatos. Assim começa o processo de construção da credibilidade. Confiança baseia-se em honestidade. Você será digno o suficiente ao explicar que não gosta nem se sente bem dando conselhos fortuitos. Até por isso possui um escritório e adoraria recebê-lo no local.

Se achar que o tom ficou sério, chame-o para um café, porém não ceda à tentação de responder à pergunta, por mais simples que seja. Mesmo que o conselho possa ser de graça, não pode vir com tanta facilidade. Para que o cliente lhe dê valor, ele deve, pelo menos, ir ao seu encontro – sair da área de conforto. Quando o pedido acontecer, nada de dar desculpas esfarrapadas, pois você ficará na dívida de retornar a ligação. Se a pessoa não voltar a ligar, você será o enrolado. A situação pode facilmente ser invertida. Seja incisivo na resposta. Por fim, diga que você não gosta de falar de trabalho nas horas de lazer – ao menos que seja uma emergência, principalmente se sua área de atuação for criminal.

15. NUNCA FECHE CONTRATO DE BOCA

Quando comecei a trabalhar com meu pai, em 1987, quase todos os clientes do seu escritório de leiloaria eram advogados. Um dia perguntei a um amigo dele de profissão se deveria confiar em tal pessoa. Foi quando ouvi uma frase inesquecível: "De boca, só beijinho. O resto é tudo por escrito". A instigante declaração, aparentemente engraçada, é muito séria – ainda mais no mundo jurídico. Algumas pessoas podem realmente esquecer o que tratam, podem também mudar de ideia, caso um prejuízo iminente venha a surgir. Tudo pode acontecer. Mas quando os fatos estão registrados, você não apenas se certifica do distrato, como evita um aborrecimento ou uma alta exposição por ter que confrontar o que foi dito com o que foi escutado.

Os dossiês do alemão Hermann Ebbinghaus (1850-1909), primeiro psicólogo a realizar um completo estudo da memória e do aprendizado, dão conta de que mais da metade do que aprendemos nas últimas vinte e quatro horas é esquecida. De certo modo, está comprovado o fato de que palavras vão-se ao vento. Então por que não pôr no papel o combinado? Não pega mal! O risco é grande comparado à segurança jurídica. Se, ao ser contratado em um novo emprego, seu novo chefe lhe prometer uma comissão mediante metas cumpridas, peça que registre o valor. Ele pode até se chatear um pouco, mas explique que você se dedicará muito. E que no fim pode até se esquecer de cobrá-lo. Caso seu superior ache ruim, então sugira que outra pessoa saiba da proposta. Assim, no futuro, caso ele esqueça, poderá ser mais facilmente lembrado.

16. DE NOVO: RETORNE AS LIGAÇÕES.

Posso estar sendo repetitivo, mas não custa relembrar. Se tem algo no mundo corporativo – incluindo o jurídico – visto como falta de educação é não retornar uma ligação ou não responder a um e-mail. Quem faz isso geralmente pensa que o outro não é importante. E se fosse o presidente da República? Não tenho dúvida de que retornaria. Para quem pede, o retorno é importante. Se queremos ser pessoas de classe, devemos entender que todos são importantes. Não custa nada dar um telefonema ou escrever um e-mail gentil. São poucos segundos gastos! Isso certamente deixará a pessoa do outro lado satisfeita.

No caso de insistência de ligações, não devemos prejulgar o que alguém vai falar. Pode ser algo completamente diferente do que disse ontem ou no mesmo dia. Um fato novo pode ter ocorrido. Se estiver ocupado, seja breve! Se a pessoa insistir, desculpe-se por não poder dar a atenção merecida e a dispense com educação. Ela vai entender. A resposta por e-mail já é mais fácil. É possível responder no banheiro, no táxi, no metrô, no ônibus ou durante o almoço. Não há desculpas! Retornar a ligação o torna um profissional cortês – atitude infelizmente rara hoje em dia. É um diferencial.

Conheço uma advogada, Dra. Beatriz – como gosta de ser chamada. Bem-sucedida na área de Direito de família, está sempre ocupada com seus clientes e vida pessoal. Ela costuma falar alto e em bom tom: "Ou eu atendo os clientes ou trabalho". Dra. Beatriz tem perdido alguns clientes, e diz que é por causa da crise econômica, mas vamos aos fatos.

O cliente liga para sua advogada a fim de saber como está o andamento de seu processo. Ela não pode atendê-lo. Por meio de sua secretária, manda o recado: vai ver e, assim que der, o informará de qualquer novidade. O cliente resigna-se com a resposta e a Dra. Beatriz economiza seu tempo.

No dia seguinte, esse mesmo cliente encontra um amigo no supermercado. Na conversa, indica para o sujeito sua advogada – muito eficiente! Novamente, liga para a Dra. Beatriz a fim de comunicar a boa notícia: ele arranjou um novo cliente para ela. No entanto, sem sequer supor do fato, Dra. Beatriz irrita-se com mais um telefonema do cliente e reclama com a secretária que ele é um chato. Não atende. O sujeito, então, percebe que sua advogada não é tão legal quanto imaginava, pois nunca está disponível. Sendo assim, desiste de dar o número dela para o amigo, que acaba procurando outro profissional.

Não retornar passa uma mensagem: o outro não é importante. E, se você não é relevante para aquela pessoa, qual o motivo de trazer boas-novas a ela? O ato de não responder pode desaparecer de sua memória minutos depois, mas, para quem tentou manter contato, é algo de que não se esquece facilmente. É quase como ser desprezado! É ruim para os negócios! Essa pessoa pode guardar mágoa e dar o troco um dia. Se não ela, um amigo da pessoa ou até você mesmo – caso venha a precisar dela no futuro.

DICAS

– O prazo razoável para retornar uma ligação é 24 horas, tendo em vista que pode estar em uma reunião, audiência ou se tratar de um dia complicado.

– Se for e-mail, o mesmo tempo: 24 horas. Nesse caso, não há tanta desculpa, pois, com tablets e celulares, é possível responder até no banheiro!

– Não adianta dizer que não viu o telefonema, pois hoje em dia o identificador de chamada mostra que a pessoa recebeu a ligação.

– Não esqueça que você é um advogado ou estagiário. Sua profissão é personalíssima! É você quem ganha pontos com o colega sendo gentil e prestativo.

17. QUANDO DIZER NÃO!

Não é não. É uma sentença. Curta, definitiva. Se estamos firmes na decisão, a única saída é comunicá-la. E não tem outro jeito, a não ser acabar com a agonia. E dizer de uma vez... Não! Mas nunca diga não em vão. O não jamais deve valer por birra ou desconhecimento. Saiba o motivo do seu não. Um não verdadeiro, consciente, deve estar sempre aberto a uma justificativa. O não em um acordo judicial não é uma boa notícia, mas se o cliente não quiser fazê-lo, devemos explicar para a outra parte e ao seu advogado a razão – por exemplo, tentar um sim (enfim!), em uma instância superior. Às vezes não vale a pena. Reflita sobre isso. E, se precisar, não hesite. Enfrente. Negue. Aceite. Saber dizer e acatar um *não* é mais fácil do que se imagina.

18. EFEITO PLACEBO

A palavra placebo vem do latim *placere*. Significa *agradar*. Geralmente é usada quando os médicos querem dar um cala boca aos pacientes hipocondríacos – que acham que estão doentes, sem estar. Trata-se de um preparado sem qualquer efeito medicinal, mas bem utilizado para efeito psicológico. Pode mudar de cor e tamanho, tanto faz; o enfermo só precisa acreditar no seu poder de cura.

Quando incomodados por clientes, alguns advogados costumam dar qualquer resposta. Indagado se uma parte foi citada, se a conclusão já seguiu para o juiz, o advogado, na ânsia de responder, diz que sim. Ou oferece uma resposta vaga, como: "Estive lá hoje. Vai para o juiz sem falta!". Se em dois dias não segue, o profissional inventa outra desculpa... Que iria de novo, que o cartório não cumpriu o prometido etc.

Hoje, em plena era digital, essa embromação – igual à do placebo dos médicos – não cola mais! Os clientes têm acesso à internet. Muitos sabem como está o processo deles até antes que nós! Não raro, ligam para os nossos estagiários com a informação em primeira mão. Em tempos de muita concorrência, ser honesto nos mínimos detalhes ainda é a melhor forma de criar e fortalecer a confiança. Se agirmos dessa maneira, devemos ser corajosos na hora de dizer: "Não fiz".

19. NÃO ESQUEÇA: CADA CLIENTE VALE US$ 1.000.000!

Muitos advogados exercem a profissão melhor que qualquer outro profissional, mas, não raro, se esquecem do óbvio. Para obter sucesso, é preciso ser um bom chefe, um bom gestor e, sobretudo, um bom marqueteiro.

O chefe tem relação direta com os subordinados – que, além dos salários, precisam de um bom ambiente de trabalho para que sejam leais e se empenhem em executar a melhor tarefa. A gestão, por outro lado, tem a ver com tudo aquilo que realizamos da porta para dentro do escritório. Ou seja, o modo que nos organizamos e respondemos às demandas dos clientes.

Já o marketing é diferente da gestão. Trata-se da forma que nos vendemos. Uma modalidade que traz bons resultados é o chamado boca a boca. Isso porque somos indicados por pessoas. Não é preciso bater de porta em porta em busca de trabalho. Lembre-se: não é porque o cliente é rico que vamos dar mais importância para ele. Um cliente menor também pode ter outras formas de influência.

Além disso, devemos almoçar com prováveis clientes, mas é bom também ir à mesa, lanchar ou tomar um café com aqueles que já fazem parte das nossas carteiras. Caso contrário, nós podemos ser esquecidos.

Outra atitude importante é atender às ligações. Se não puder, retorne no máximo no dia seguinte, desculpando-se. Certa vez escutei de uma advogada um diálogo espantoso. Dizia o seguinte:

– *Dra. Cláudia, por que não me ligou? Deixei recado a semana inteira!*

– Não liguei, pois trabalho. Não fico ao telefone. Está tudo bem com seu processo. Não se preocupe!

Chocante a conversa, mas é comum alguns profissionais pensarem ou agirem dessa forma. Eles esquecem que atender às chamadas e retorná-las também faz parte do ofício. Provavelmente, tal advogada não vai mais ser procurada ou indicada no boca a boca. Se isso acontecer, não vai ser por conta do critério técnico de suas petições, mas, sim, pelo péssimo atendimento dispensado a uma pessoa. Será que o cliente dela não era bom o suficiente? Ou chato? E se fosse um empresário poderoso do outro lado da linha, faria diferença? Certamente. Tal detalhe pode ter lhe custado um milhão de dólares.

Se tiver em mente que esse é o preço de cada cliente, você cria um ciclo de atendimento de excelência inigualável. No livro *Satisfied customers tell three friends, angry customers tell 3.000: running a business in today's consumer driven work*, o autor Pete Blackshaw, vice-presidente de serviços estratégicos da Nielsen Online, diz que clientes satisfeitos contam a boa experiência para três amigos, enquanto os insatisfeitos divulgam o que passaram para 3 mil!

Imagine se uma pequena reclamação contra seu escritório chegar ao Twitter ou ao Facebook e atingir centenas de pessoas... Seu nome e sua reputação estarão em risco. Em muitos casos, a repercussão de um fato aparentemente irrelevante é tão negativa que não basta um pedido de desculpa ou explicação, pois isso simplesmente não funciona. É necessário agir e, na medida do possível, oferecer algum benefício ou atenção extras!

DICAS
– Não esqueça! Seus clientes fazem seu nome!
– Minimize os problemas de seus clientes.
– Utilize, se possível, algum canal direto com seu público, como um e-mail ou Facebook corporativo.
– Antecipe as respostas do cliente. Ligue antes para contar os resultados. Não espere que ele descubra por si só.

20. NÃO DÊ QUEIXA DOS COLEGAS NOS CONSELHOS DE CLASSE

Não se deve começar uma guerra sem a absoluta certeza da vitória. Quando me refiro à certeza, quero dizer 100%. Dar queixa contra um colega na Ordem dos Advogados do Brasil (OAB) significa arranjar um inimigo para o resto da vida – algo difícil de ser consertado adiante. É bom lembrar que os clientes vêm e vão, mas os colegas permanecem para eventuais demandas. Acordos futuros – até novas parcerias! –, assim como confiança e admiração, começam com uma boa luta em defesa dos clientes. Por isso, a chance de um acordo depende bastante do comportamento ético das partes.

Uma briga judicial bem defendida vale-se de bons acordos e parcerias entre advogados que já atuaram em lados opostos. Ao dar queixa contra um colega na OAB, você pode colocar tudo a perder. Além de jogar fora a chance de conseguir uma indicação, corre o risco de não ser chamado para atuar em conjunto ou de chegar a um acordo se ambos estiverem atuando em lados opostos. Sem contar que vai atiçar a ira do colega e até uma provável perseguição de um advogado mais forte, mais influente e mais rico que você.

O importante é manter a classe – sempre! Ao preservar a compostura, você se torna uma moeda forte, que não aceita mesquinharias.

21. NÃO TENHA CASO COM COLEGAS DE TRABALHO

É comum simpatizarmos com uma pessoa em um escritório com muitos funcionários – advogados, estagiários, secretárias, arquivistas, entre outros. Mas não devemos passar disso. Um relacionamento no trabalho atrapalha a produtividade. Também causa ciúme entre colegas por motivos diversos.

Sim, há aquele que gostaria de estar em seu lugar. Também tem aquele que desconfia de um leva e traz de informações entre os amantes. Ambos os casos geram desconforto na equipe. Então por que se envolver? O escritório também pode ter regras definidas para evitar casos amorosos. Assim, infringi-las é o mesmo que mentir. Se esconder algo, você pode passar por desonesto – o que não é legal!

Namorar faz bem ao coração, ninguém duvida, mas infelizmente distrai a mente. Levar isso para o dia a dia profissional faz com que você perca o foco.

São várias as situações que colocam em cheque o desempenho no escritório:

– Seu colega de trabalho faz uma gracinha para sua namorada. Ou um cliente a chama para jantar na sua frente. O que fazer? Ou melhor, o que pensar, se tiver que bater um relatório em seguida? Você teria concentração? Provavelmente, não.

– O relacionamento está ruim, mas você continua apaixonado. Seu *affair* resolve jantar com um cliente e em seguida, por coincidência, você é chamado para defendê-lo em um processo no qual ele corre o risco de ser preso ou ter um grande prejuízo. Você estaria pensando totalmente nos interesses dele?

– Você se interessou por outra pessoa que trabalha no mesmo prédio e resolve terminar o relacionamento. O ex fica sabendo. Será que ele pode boicotar você com alguma informação importante para a empresa por ciúme?

– Seu namorado terminou com você na noite anterior. Por serem colegas de trabalho, ambos possuem uma reunião de negociação na manhã seguinte. Os dois, como adultos, entendem ser normal o fim de um relacionamento. Por isso, comparecem à reunião em que se comportam civilizadamente. Afinal, trata-se de uma negociação importantíssima. Porém, tanto um quanto o outro estão tristes.

No livro *Sim! 50 segredos da ciência da persuasão*, o autor norte-americano Robert Cialdini demonstra que o mau humor prejudica as negociações. Uma pessoa triste está disposta a desembolsar 30% a mais em uma compra, da mesma forma que o vendedor com o mesmo estado de espírito cede 33% a menos que o mais satisfeito com a vida.

DICA
– Relacionamentos não devem ser vividos na empresa. Por isso, são malvistos por antecipação. Mas, se você se apaixonar, procure seu chefe e conte toda a verdade. Assim, não estará sendo desonesto com a empresa. Caso a situação esteja prejudicando o seu trabalho e a sua carreira, cogite pedir demissão.

22. NÃO COMPRE BRIGAS, PREFIRA ACORDOS

Desde que começamos a estagiar em escritórios de advocacia, constatamos que a Justiça é realmente muito morosa, como dizem. Um processo demora cerca de cinco anos para terminar. São muitos os recursos existentes. Embora no final das contas a Justiça acabe sendo eficiente, você perde tempo demais. Também há o risco de algo dar errado. Uma injustiça pode acontecer contra você, como um julgamento errado – improvável, mas factível. Deve-se, então, calcular o pior cenário possível. Quantas noites, brigas familiares, estresse e dinheiro poderiam ser poupados? Um acordo pode economizar tempo e chateação. Como diz um ditado jurídico: "Melhor um mau acordo do que uma boa demanda".

É bom lembrar que a ganância de ganhar uma causa, juntamente com a emoção – quando não, raiva – e até a inveja da outra parte, deixa o cliente cego. Como advogados, devemos lembrar que na briga judicial existe a avidez de ganhar mais do que o cliente perdeu. Há também a emoção de ficar muito tempo sem resolver o litígio. Por isso, devemos refletir e convencer o cliente a realizar um acordo. Isso é bom para o advogado também, pois ele recebe os honorários mais rápido. Um bom exemplo é o do golfista norte-irlandês Rory McIlroy. O número um do ranking mundial pôs fim a uma briga judicial com seu ex-agente, Conor Ridge, com um acordo estimado em cerca de 20 milhões de dólares!

DICAS
- Não deixe a emoção e a ambição subirem à cabeça do cliente.
- Mostre o lado positivo de receber uma quantia menor no momento ou pagar logo para não perder mais dinheiro. E não só com a indenização, mas com os honorários de advogados, que seriam dos dois lados.
- "Mais vale a paz que a vitória." Eis um provérbio português que você pode falar para o seu cliente.

23. REPUTAÇÃO: COMO CONSTRUIR E MANTER A SUA

"São necessários vinte anos para construir uma reputação e apenas cinco minutos para destruí-la." A frase é do investidor norte-americano Warren Buffett, constantemente citado nas listas das pessoas mais ricas do mundo. Reputação é o que as pessoas falam a seu respeito. Um nome respeitável entra em cena bem antes de você – em qualquer lugar do mundo. A boa reputação chega na frente, dispensa apresentação. Além disso, faz com que você seja escolhido antes de qualquer outro profissional – por mais que o concorrente venha a oferecer certa vantagem.

A má fama cria resistência e pode excluí-lo de um negócio. Construir um bom conceito de si mesmo leva anos e vem à custa de muito caráter e tempo de trabalho. Nenhum profissional em início de carreira conquista o tão almejado sucesso. É preciso acumular experiência para que os outros tenham o que falar. Você sabe que possui uma boa imagem quando escuta as seguintes frases a seu respeito:

– Não se preocupe, ele tem reputação de bom pagador...

– Pode procurá-lo! Ele é um ótimo advogado! Retorna as ligações e não o deixa inseguro.

– Ele aprendeu tudo com o pai, um respeitável advogado! Pode confiar de olhos fechados.

Já com má reputação acontece o inverso:

– Ele é o maior 171! Cuidado!

— Ele parece boa praça, mas no fundo é o maior trapalhão!
— Ele trabalha bem, mas nunca retorna as ligações! Temos que tentar entrar em contato dez vezes ou, então, fazer plantão no escritório dele!

A reputação positiva é uma sementinha... Todos os dias é preciso saber como vai fazer para retornar a ligação do cliente. Posso estar cansado, mas não custa nada perder cinco minutos. Vou deixá-lo satisfeito e pronto. A boa fama depende unicamente de você, de quanto você se empenha para fazer as coisas bem-feitas – mesmo que ninguém saiba. Os resultados serão excelentes. Acredite!

24. USE SEU NOME, NUNCA O APELIDO

O respeito profissional se dá de várias formas. Uma delas vem do modo como somos chamados. O nome do advogado permeia todo o relacionamento profissional com os clientes. É como vão chamá-lo a vida inteira. É como vão reconhecer seu talento. Nunca se deixe chamar por um apelido ou pelo seu nome no diminutivo – nem se apresente ou assine assim.

Dra. Patrícia é uma advogada, então não diga que a Paty ligou. Quem ligou foi a Patrícia ou Dra. Patrícia. Entendido?

25. NÃO ACENDA UMA VELA PARA DEUS E OUTRA PARA O DIABO

Em determinado momento de um leilão judicial, após o não pagamento da dívida, deve o bem do devedor ser avaliado e vendido para o pagamento do débito em questão. Nesse momento, o leiloeiro é indicado por um juiz ou por um advogado para realizar a venda. Geralmente, ele é de inteira confiança do credor, que o indica. Ao fim do processo, o credor recebe o que lhe é devido e o leiloeiro recebe seus honorários pela venda do bem. Essas são as regras dos leilões judiciais.

Quando eu estava começando a trabalhar com meu pai como leiloeiro, presenciei uma prática assustadora por parte de um colega. Tratava-se, a meu ver, de uma tremenda desonestidade. Foi o seguinte: um leiloeiro foi indicado para realizar uma venda para uma das partes que processava a outra por danos morais e materiais (o motivo era um acordo comercial não cumprido). Uma vez indicado como leiloeiro, deveria logo marcar a data do leilão. No entanto, ele não o fez, por ser amigo dos advogados da outra parte, a que descumprira o acordo. Em nenhum momento o leiloeiro consultou os advogados que lhe confiaram a tarefa de realizar o leilão. Por decisão própria, resolveu procrastinar a venda ao máximo para que a parte acusada pudesse entrar com algum recurso e mudar o rumo da situação.

Trata-se de um caso típico de profissional que agiu totalmente de má-fé e faltou com a conduta ética. Muitas vezes é tentador tomar o caminho errado, por inúmeras vantagens. Porém, o desvio tem o preço altíssimo da má reputação. Não vai ser a "parte enganada" que vai espalhar aos quatro ventos que você acende uma vela para Deus e outra para o diabo. Vai ser a outra, que se beneficiou da procrastinação (no caso do leiloeiro descrito anteriormente). Quem se deu bem comentará a vantagem que obteve com a manobra. Em casos assim, raramente se guarda segredo, já que, no país de Gerson, tem muita gente que acha um "mérito" driblar a lei. E, definitivamente, não é.

DICA
– Mantenha a boa reputação. Sempre se posicione a favor de quem o contrata. Não faça jogo sujo, caso lhe seja proposto algo incomum. Previna a outra parte que não o fará.

26. FAÇA-SE RESPEITAR

Fazer-se respeitar não é apenas ter dinheiro, posição social ou um cargo de chefia. É muito mais. Diz respeito à nossa postura, em todos os aspectos, e à forma como demonstramos autoconfiança. De nada adianta ser o dono de um escritório, chegar ao trabalho a bordo de um Mercedes-Benz e não ter credibilidade no mercado. O que faria, então, caso perdesse tudo?

Comece corrigindo a postura física. Nada de sentar com os ombros encolhidos, mãos suadas e ficar mexendo na gravata o tempo inteiro. O mesmo vale para as mulheres que retocam o batom diante do espelho para dar um tapa no visual. Faça isso reservadamente, não na frente de todos. Corrija suas atitudes. Mantenha a espinha ereta, olhe nos olhos das pessoas – como dizem os franceses, pratique o *tête-à-tête*. De maneira calma e serena, claro. Nada de fitar o interlocutor como um louco. Ao erguer as costas, cuidado para não parecer travado. Sustente a postura naturalmente. Treine em casa. Isso faz um bem danado à saúde.

Se alguém falar algo que não lhe agrade, evite desdobramentos inúteis. Faça como minha esposa: cara de paisagem! A maioria das discussões é travada no calor da emoção, bem como comentários desagradáveis. Então, não devemos levar nada para o lado pessoal! Em poucos dias você terá esquecido, e quem falou já não lembra mais, e ainda provavelmente vai cumprimentá-lo novamente com um sorriso no rosto. Por ter tido cara de paisagem em um momento delicado, quem sabe o sujeito ainda não venha fazer grandes alianças com você no futuro? Não rebater é uma forma de se fazer respeitar. Às vezes dizemos tudo que vem à mente em uma relação de trabalho. Pronto, desembuchamos. Mostramos quem somos. O que acontece? Perdemos o cliente e o dinheiro dele. É melhor ter o dinheiro que a razão. Faça cara de paisagem e lembre-se de polpudos honorários!

27. MARKETING PESSOAL: CADA VEZ MAIS NECESSÁRIO

Marketing pessoal é o que você faz da porta do escritório para fora. Por isso, algumas das marcas mais valiosas do mundo são o que são. Quando vamos tirar uma cópia, pedimos uma Xerox. Ao chamar um amigo para beber um refrigerante, perguntamos se ele não quer tomar uma Coca-Cola. Por que não se espelhar nesses exemplos para incrementar a vida profissional? O ideal seria transformar seu nome em uma marca. Assim, se alguém pensar em advogado de família, por exemplo, lembrará de seu nome em primeiro lugar.

Caso haja uma associação imediata entre uma especialidade causídica e você, bravo! Isso demonstra que você é um ótimo advogado – e um *expert* em mostrar aos outros quanto é bom no que faz.

Para um marketing pessoal de efeito é preciso dar as caras, circular, se fazer presente nos "pontos de venda". Como leiloeiro, por exemplo, sempre visito empresas. Nessas ocasiões, distribuo calendários, canetas e brindes que façam lembrar que estive no local. Isso é marketing pessoal. Falar mal do colega para o seu superior enquanto exalta as suas qualidades, não.

28. SEJA ÉTICO

A palavra ética é derivada do grego – *ethos* – e significa tudo aquilo que diz respeito ao modo de ser e ao caráter de alguém. Aqui no Brasil o termo (e, principalmente, o seu antônimo – antiética) é bem conhecido. Tem sido usado com altíssima frequência nos noticiários políticos, onde reinam, absolutas, as denúncias de corrupção, Mensalão, Petrolão, entre outros descalabros genuinamente tupiniquins.

Ser ético é respeitar as leis, não agir em prejuízo do outro, ter valores morais. Não se aplica a questões maiores (como não desviar bilhões de reais, dinheiro público, para contas na Suíça). Como explicou o filósofo Peter Singer, em uma entrevista à revista *Veja*, "a ética é um exercício diário, precisa ser praticada no cotidiano. Se uma pessoa não respeita o próximo, não cumpre as leis da convivência, não paga seus impostos ou não obedece às leis de trânsito, ela não é ética".

Percebemos nas minúcias se uma pessoa é ética, se tem um bom caráter. Preste atenção em seu comportamento no escritório. Está usando o telefone da empresa para assuntos pessoais ou para achar um novo trabalho? Levou objetos de papelaria para casa? Como completa Singer: "Num primeiro momento, pequenas infrações isoladas parecem não ter importância. Mas, ao longo do tempo, a moral da comunidade é afetada em todas as suas esferas. Chamo a isso de círculo ético. Uma ação interfere na outra, e os valores morais perdem força, vão se diluindo. Para uma sociedade ser justa, o círculo ético é essencial".

Sobre ética já se escreveu muito. Um livro fácil e

interessante é do filósofo Fernando Saveter – *Ética para meu filho*, uma conversa descontraída de um pai com o filho de 15 anos sobre como devemos agir agora para garantir uma vida boa e íntegra. O livro é para adolescentes, mas serve como uma luva para futuros advogados que pretendem ter uma visão clara sobre os valores morais e éticos que devemos cultivar.

29. GANHE VISIBILIDADE

Para ser conhecido, um advogado – tanto no início da carreira quanto no decorrer da vida profissional – precisa de visibilidade. Os clientes o perceberão em suas pequenas ações – ainda mais quando a família dele não é de advogados ou não possui meios econômicos para alavancar seus estudos. Como se dá o processo de aparecer aos olhos dos outros? Esforce-se! Procure dar aulas em cursos e faculdades, participe de conferências – tanto como palestrante quanto como aluno. Entre ou crie uma associação. É simples e produtivo, desde que você tenha um objetivo definido para convencer os eventuais integrantes. Pode ser uma associação de advogados empenhados em alguma causa, como de ajuda a comunidades carentes ou até aquela que defende classes ou pessoas.

Da mesma maneira que ações positivas garantem uma espécie de vitrine, atitudes negativas levam ao ostracismo. Nada de se envolver em causas polêmicas, arranjar inimigos em discussões fúteis e brigas por time de futebol. O escritor Dale Carnegie, grande especialista em trato humano, disse o seguinte: "Trabalhe em silêncio e suas ações farão barulho". Frequentar clubes (e concorrer a cargos dentro dele) também proporciona visibilidade. Tudo isso são oportunidades de obter novos clientes!

Promover ações de doações em sua comunidade é uma forma de mostrar sua preocupação social, se destacar e sair do anonimato! Vale escrever uma coluna em jornal, blogs, desde que não se envolva em causas polêmicas. Por fim, não fale mal de ninguém. Logo, logo, você ficará conhecido!

Dicas
– Entre em associações, dê aula, escreva colunas em jornais.
– Não se envolva em discussões de assuntos polêmicos.
– Frequente eventos sociais. Não se tranque em casa ou no escritório.

30. TENHA UM BOM NETWORKING

O *networking* é o modo difícil de dizer uma série de pequenas verdades, a saber: quanto você é bem relacionado no trabalho, que possui uma carreira construída por meio de amizades, que vai conseguir mudar de emprego (ou ajudar os outros) com a ajuda desses contatos e por aí vai. Nessa lista não está incluído aquele tio rico que sempre pode dar uma força.

Nos Estados Unidos – onde se faz pesquisa para tudo –, estudos realizados em universidades, empresas, fundações e instituições de consultoria constataram que mais da metade das mudanças de emprego em altos cargos se dá em função dos contatos dos executivos. Lançado no mercado norte-americano em 2010, o livro *Networking for People Who Hate Networking: A Field Guide for Introverts, the Overwhelmed, and the Underconnected,* de Devora Zack, desconstrói a teoria de que só os extrovertidos podem fazer um bom *networking*. Excelente leitura para quem não gosta tanto de frequentar festas e socializar. De toda forma, vale lembrar: jantar fora é trabalho, sim! Nessas ocasiões, tente não sentir saudade do sofá de casa ou dos filhos! Vá em frente e frequente festas quando for convidado. Se não tiver paciência, saia cedo, mas ouça o que os outros têm a dizer e sempre faça perguntas. Não apenas para agradar o interlocutor, mas com o objetivo de esticar a conversa. Ao final, mesmo que você não tenha falado nada nem perguntado muito, a pessoa vai apreciar o seu interesse.

O Linkedin e o Facebook podem turbinar a rede de contatos; são ferramentas eficientes, ninguém duvida, mas sua presença em um evento vale mais que cem curtidas. Uma dica importantíssima para quem não sabe como se aproximar das pessoas é o best-seller *Como fazer amigos e influenciar pessoas*, de Dale Carnegie. O livro ensina como acabar com a timidez e ser querido por todos. De quebra, dá dicas de como é possível seduzir os outros a fim de obter um *networking* verdadeiro e eficaz!

Dica
– Networking é bom e funciona, mas lembre-se de que as pessoas só fazem negócios e indicam o trabalho se gostam e confiam no profissional. Mesmo que não tenha tanta qualificação assim.

31. MANTENHA UMA AGENDA PERMANENTE DE VISITAS DE CLIENTES

Os advogados devem pensar não só em captar mais clientes, mas também em manter os já conquistados. Estes, vale lembrar, merecem atenção especial. Uma ligação nos aniversários é o mínimo! Recebê-los no escritório de vez em quando é de bom tom. Também vá visitá-los em suas empresas, mas marque com antecedência.

Perde-se muito dinheiro cuidando das finanças, despachando assuntos, reuniões de cobranças, resolvendo contas a pagar e receber, mas a essência do escritório são os clientes, os antigos e os mais novos. Porém, se não conseguir manter os antigos, volte ao degrau anterior e prossiga.

Muitos escritórios só se preocupam em ligar para o cliente quando estão na iminência de perder a conta. Então, antecipe-se. Procure-o e se faça presente. Por ser seu cliente, não tem problema dar uma consulta por telefone. Isso não tira pedaço de ninguém e, ainda por cima, agrada.

Otimize a semana. Em um só dia, você pode marcar encontros com até seis clientes: café da manhã, *brunch*, almoço, dois cafés durante a tarde e *happy hour*. Anote tudo em uma planilha. Para não ser inoportuno, arranje um pretexto. É fácil. Mande um *voucher* para ele e a esposa irem ao teatro ou passarem uma noite em um hotel cinco estrelas. Você também pode oferecer um jantar romântico para o casal – ou presenteá-los com livro acompanhado de um cartão. Bombons no aniversário, no Pessach (a Páscoa judaica), no Natal, na Páscoa, também é simpático. A festa da religião das pessoas ajuda muito em uma aproximação. Todos os presentes são investimentos, cada qual conforme a lucratividade do cliente para o escritório. Nada vai sair de graça. Os honorários a receber pagarão a conta.

Lembre-se de mandar os cartões em papel timbrado de boa qualidade, na cor branca, com seu nome e profissão impressos, no tamanho de 9 x 15 cm. Simples assim!

32. INVISTA EM ALMOÇO DE NEGÓCIOS E PAGUE A CONTA (SE PEDIREM VINHO, AGUENTE!)

O almoço de negócios pode ser um passo para fechar uma nova conta ou então sua ruína. Essas ocasiões são um prato cheio para sermos observados, não só pelos clientes como também pelo garçom ou por pessoas que estão duas ou três mesas distantes de nós. Ficar atento é puro treinamento. *O poder do hábito – por que fazemos o que fazemos na vida e nos negócios*, de Charles Duhigg, é leitura obrigatória. A obra mostra que, sim, é possível mudar os hábitos. Reforce alguns deles.

Ao sentar-se à mesa, é bom pedir licença para ir ao banheiro lavar as mãos. Aproveite para se arrumar e conferir o hálito (o escritor Max Gehringer tem um ótimo artigo sobre esse quesito). Só então retorne e faça o pedido dos pratos. Detalhe: não é bom ir direto ao assunto, só se todos estiverem com muita pressa. Também não demonstre ansiedade.

O almoço de negócios é dividido em três partes: a primeira é o *couvert*, a segunda é a refeição propriamente dita (entrada e prato principal) e a terceira é composta pela dobradinha sobremesa e café. O último momento é perfeito para pontuar os assuntos. Assim fica mais fácil saber quando e como cada assunto deve ser abordado em uma próxima vez.

Por fim, jamais coloque o cotovelo na mesa ou palite os dentes. E de forma alguma comece a comer antes que todos tenham iniciado a refeição. Se a comida for servida no bufê, é gentil esperar a última pessoa da mesa chegar. Sempre dê gorjeta para o garçom – mesmo que não seja bem servido. Quem trabalha como prestador de serviços precisa de uma pequena comissão. A gorjeta mostra que respeitamos o trabalho do outro e gostaríamos que o mesmo acontecesse com o nosso.

Dicas
- Desligue totalmente o celular, ao menos que seu pai ou sua mãe esteja morrendo.
- Quem convida, paga. Se pedirem vinho, aguente a conta.
- Antes de acabar a refeição, saia da mesa com uma desculpa qualquer e pague a conta. Se o cliente perguntar o motivo, brinque com senso de humor. Diga que não cobraram nada porque acharam ambos muito bonitos.
- Não tem problema algum fazer anotações em um pequeno bloco de notas.

33. SAIBA COBRAR

A cobrança de honorários é sempre delicada. Depois de vencermos a causa, após meses ou anos da demanda judicial, alguns clientes parecem esquecer do combinado ou desaparecem bem na hora de acertar a conta. Grandes escritórios já adotam políticas de cobrança diferenciadas para evitar o calote, mais comum do que se imagina na nossa profissão. Não começam a prestar serviços sem um contrato assinado e cobram um valor adiantado para ir patrocinando a causa e outros custos. Em muitos escritórios pequenos, porém, acordos informais, na base da confiança, ainda são bastante comuns. Trata-se de um modelo bem *démodé* de negócio.

A recusa de um cliente em assinar um contrato para selar o compromisso, de ambas as partes, não é um bom sinal. Além de garantir o pagamento ao final do processo, o contrato especifica as obrigações tanto do advogado quanto do cliente. Alguns escritórios de advocacia de médio e grande porte se dão ao luxo de cobrar por hora de trabalho. Aceite parcelamento dos honorários, mas nunca abaixe o seu preço.

Assinando ou não um acordo, é preciso ficar atento. Alguns clientes, na tentativa de não pagar os honorários devidos, agem de má-fé, acusando seus advogados de:

- Falta de atenção.
- Violação do estatuto da Ordem dos Advogados.
- Quebra de confidencialidade.
- Exagero na cobrança de fatura, bem como custas adiantadas não reconhecidas e autorizadas.
- Perda de confiança.

34. SAIBA LUCRAR

O que mais gostei de aprender sobre filosofia – e economia – encontrei na obra do pensador alemão Karl Marx (1818-1883). O cientista político e socialista revolucionário criou o conceito de *mais-valia*. Li e nunca mais esqueci. Naquele momento descobri que adoraria ficar rico.

A *mais-valia* funciona da seguinte forma: depois de pagar o custo dos funcionários do escritório, o extra trabalhado por eles vira o lucro do dono. Com muitos funcionários trabalhando, o *plus* é enorme. Por exemplo, uma determinada empresa faz um contrato para você acompanhar 100 processos. Você contrata dois advogados, que sempre peticionam e participam da audiência. O trabalho deles exige uma jornada longa. Por não ter que peticionar e ir a audiências, você acaba chegando mais cedo ao trabalho e saindo mais tarde. Como o que você recebe da empresa é maior do que você paga aos dois, essa sobra representa a *mais-valia*. Por isso, alguns escritórios não pagam bons salários quando começam a crescer. As empresas querem aumentar o lucro!

A teoria marxista da *mais-valia* não é errada, é mais uma forma de alertar como funciona o capitalismo que abrange todas as áreas profissionais. Por isso, na hora de contratar, é bom saber quanto cada um pode dar de lucro – e também quanto nós, como membros de uma equipe, podemos gerar de dinheiro! Com essas informações em mãos é possível, então, negociar um aumento salarial ou demitir um funcionário, evitando qualquer tipo de prejuízo. Com esse cálculo, chegamos ao valor de cada um e de nós mesmos. O filantropo abolicionista Benjamin

Franklin (1706-1790), líder da Revolução Americana, já dizia que deveríamos tomar cuidado com as pequenas despesas. São elas que afundam uma empresa.

Como administradores do nosso próprio escritório, devemos saber a diferença entre os dois tipos de despesas: as diretas e as indiretas. Não existem outras.

Diretas são aquelas que não temos como fugir, pois são fixas:

- Aluguel
- Empregados
- Manutenção de recortes de publicação em Diário Oficial
- Energia
- Telefonia e wi-fi

Indiretas são aquelas que não percebemos quando saem de nossa conta bancária. São variáveis. Podem aumentar ou diminuir, conforme nosso fluxo de caixa ou disposição em investir:

- Transporte para o trabalho – pode ser com o carro próprio, táxi, metrô ou ônibus
- Almoço e lanches
- Custas adiantadas pelo cliente ou com reembolso demorado

Roberto Schulmann*, um judeu húngaro, físico, matemático e leiloeiro, tinha uma interpretação diferente. Ele costumava dizer: "Ganhe mais do que gasta e não gaste menos do que ganha". Este pensamento o motiva a ter bens mais caros e ganhar mais para mantê-los, enquanto outros vão possuir sonhos menores por não ter como gastar.

*ROBERTO SCHULMANN É MEU PAI.

35. TECNOLOGIA, SIM, *PERO NO MUCHO*

O mundo digital nos deixou mais preguiçosos e desleixados. Nossos contatos, por exemplo, estão guardados nos celulares. Se perdermos o aparelho – ou roubarem –, vamos ficar sem alguns números. No entanto, grande parte será salva por programas de *backup*. Não custa lembrar que alguns hábitos devem seguir a moda antiga, como usar lápis e papel.

No escritório, devemos ter um fichário com os andamentos. Vai que falta luz ou ocorre uma pane no wi-fi... Tudo pode acontecer. Se você tiver um fichário de andamento processual com o último andamento, nomes das partes e telefone de contato, se sentirá mais seguro.

Uma carta escrita de próprio punho ainda faz um efeito maior que um simples e-mail. Costumo fazer isso quando quero agradecer algo, por exemplo. Em vez de enviar um e-mail, escrevo um bilhete de 9 x 15 cm com meu nome impresso. O efeito é divino! Faço o mesmo nos aniversários de secretárias, clientes e funcionárias deles. Às vezes acrescento uma caixa de bombons. Sim, o que vale é a lembrança! Ninguém vai se preocupar com o valor do mimo.

É fato que ganhamos tempo ao atender demandas por mensagem, WhatsApp e Facebook, mas também perdemos o contato visual. Não devemos esquecer que a profissão de advogado é personalíssima! O *tête-à-tête* ainda é um modo seguro de conquistar amigos e clientes. Se deixarmos para a era digital as respostas de um contrato, perderemos no quesito simpatia. As redes sociais podem servir para aproximar as pessoas, mas, no caso do advogado, podem afastá-las.

No livro *Alone Together: Why We Expect More from Technology and Less from Each Other*, a escritora norte-americana Sherry Turkle lembra que, se grande parte dos profissionais passa tempo demais no Facebook, imagine um advogado... Por que ficar quinta à noite no escritório batendo papo com uma só pessoa quando você poderia bater um papão pessoalmente? Além de socializar e fazer *networking*, você poderia conhecer novos amigos e os amigos dos amigos, em uma conversa ao vivo e em cores.

36. NETIQUETA

Netiqueta é o termo usado para a etiqueta na internet. O tema caiu em desuso no dia a dia, mas é necessário para seduzir todos que convivem com você. Pessoas inteligentes sabem que a educação abre portas, e a falta dela, fecha. Bons modos são diferenciais importantes na hora de o cliente escolher entre dois profissionais. Para saber as regrinhas básicas sobre o assunto, existem diversos livros e até cursos na internet. Hoje é importante dominar o tema, pois você não trata apenas com pessoas conhecidas. Você mantém contato também com gente que nunca viu na vida, seja por e-mail, mensagem de texto ou perfis em redes sociais. Confira as dicas para conquistar colegas e clientes e se manter moderno!

Dicas
- Não mande mensagem com letras maiúsculas. Parece que você está berrando na internet.
- Não copie texto alheio. Isso é plágio! Quando o fizer, mencione a fonte.
- Não cause polêmica em sites ou em redes sociais. Nunca se sabe quais são as intenções das pessoas com as quais você está falando.
- Não saia sem se despedir de uma conversa da qual várias pessoas estão participando.
- A funcionalidade do *status* existe para ser usada. Utilize-a!
- Não use *emoticons* com clientes. Guarde-os para sua namorada(o) ou amigos próximos!
- Evite escrever em inglês, francês ou outra língua. Use o português no Brasil e o inglês nos Estados Unidos. Usar expressões estrangeiras pode parecer esnobe. Um homem educado é tudo, menos esnobe.

– Não abrevie. Use a palavra completa.

– Convença a outra pessoa em *chats*, mas nunca use linguajar chulo. Você perde a razão assim que enviar as mensagens.

– Se você é advogado e pretende ter uma carreira séria, não deixe na secretária eletrônica frases engraçadas. Não faça piadinhas.

– Ao receber e-mail de um cliente, mantenha sempre o original para nunca esquecer o assunto.

37. THERE'S NO FREE LUNCH

A expressão "there's no free lunch" – não existe almoço grátis –, frequentemente citada em livros de economia, é uma verdade resumida em cinco palavras. A origem é desconhecida, mas o termo foi popularizado no século XIX, nos Estados Unidos – país que mais entende de ganhar dinheiro e prestar bons serviços no mundo. Não chamamos um cliente ou um contato para almoçar no meio do nosso dia atordoado apenas porque somos simpáticos. Também não saímos presenteando pessoas que aceitaríamos como clientes de bom grado só por admirar o gesto. É importante prestar atenção nos convites oferecidos e também se posicionar ao chamar alguém para dividir a mesa conosco. Até porque isso implica em sacar o cartão de crédito do bolso. Pense duas vezes se esse dinheiro vai voltar de outra maneira para a sua conta corrente ou não!

38. SEJA UM ENCANTADOR DE CLIENTES

"Já não basta simplesmente satisfazer clientes. É preciso encantá-los." (Philip Kotler)

Quando perdemos um cliente, perdemos muitos. No momento de sua insatisfação, um cliente deixa de nos indicar. Isso é muito ruim.

Falta de retorno de ligações e e-mails, descaso, morosidade, desrespeito, imposições, exigências descabidas. As causas da insatisfação com o serviço prestado por um advogado são variadas – a culpa, inevitavelmente, é do advogado.

Em algumas situações, o cliente pode trocar de advogado. É o tipo de situação pela qual nenhum profissional deve passar – um tiro na reputação.

Trocar de advogado também é péssimo para o cliente – é chato, aborrece, sai mais caro. Imagine ter de contar a mesma história para um outro advogado pela segunda vez... Explicar tudo, desde o começo...

Devemos ter cuidado no trato com o cliente. Fazer uma autoanálise. Estamos de fato agindo bem? Lembra da máxima "o cliente sempre tem razão"? Isso também é válido na advocacia. Devemos escutar o que ele tem a dizer, mesmo que seja bobagem e não tenhamos tempo. Não podemos exigir mais do que ele pode fazer no momento. Devemos agir para o bem do cliente, não contra ele – ou pelo bem de nós mesmos. Ele é quem nos paga.

Os ensinamentos de Philip Kotler, um dos maiores

especialistas em Administração, servem como uma luva para advogados que querem crescer em seus negócios.

A conquista do cliente é uma arte, uma ciência aplicável a muitas profissões: do feirante às multinacionais, passando pelos escritórios de advocacia. Disse Kotler: "Os clientes de hoje são mais difíceis de agradar. São mais inteligentes, mais conscientes em relação aos preços, mais exigentes, perdoam menos e são abordados por mais concorrentes com ofertas iguais ou melhores".

Lembre-se:

- Tratar bem o seu cliente pode não atrair mais clientes, mas dará a você a segurança de que não vai perdê-lo.
- Seja transparente. A certeza da sua honestidade vai fazer com que ele pense duas vezes antes de trocar de advogado.
- Mantenha o vínculo com o cliente. Ligue para ele de vez em quando, pergunte se precisa de algo e como você pode ajudar. Não apareça anos depois só para cobrar os honorários.

39. SIGA EM FRENTE

Seguir em frente parece difícil, mas não é! O que nos impede de avançar são nossos próprios atos. Por pena dos outros, preguiça e preconceito, acabamos colocando o pé no freio em nosso ímpeto de vencer.

Em uma guerra, alguém faz o trabalho sujo – no caso, os fuzileiros. Depois da luta vencida, os burocratas entram para pôr panos quentes. Na vida profissional é mais ou menos assim, com uma diferença: somos apenas nós – eu e mim mesmo – os fuzileiros navais e os burocratas.

É determinante para o sucesso não ser bonzinho, mas não se deve ter medo de ser estereotipado. Ir em frente não é o mesmo que atropelar os outros. É como se estivéssemos dentro de um carro. Vamos olhar adiante para desviar de acidentes. Também vamos acelerar quando a estrada estiver boa. O retrovisor serve para olhar o caminho que ficou para trás.

Em busca da ascensão profissional, devemos ver o que deixamos na estrada (como desavenças ou clientes insatisfeitos) para que o passado não atropele o presente e acabe com nosso caminho no futuro.

40. LEIO, LOGO PENSO – LEITURAS PARA TER SUCESSO

A resposta para todo imbróglio jurídico está nos códigos. Lá é o local correto para pesquisar, não no Google.

Uma vez eu estava na esteira da academia e um amigo ao lado comentou que ia mandar o estagiário embora por ele ter baseado seu trabalho apenas nos canais de busca da internet. Meu amigo tem razão. Essa é a forma mais preguiçosa de obter um resultado fácil sem nenhuma excelência. As pesquisas de processos devem ser feitas na fonte. Sempre. Esqueça qualquer outro meio eletrônico fácil. Um bom advogado deve ir além. Precisa, sim, estar conectado com o mundo, mas deve fazer seus estudos complementares pelo prazer de saber. O que vai torná-lo especial é o seu conhecimento. De quebra, a prática o torna mais culto e interessante.

Conversar com os outros, ter assunto, é algo que só engrandece o indivíduo. Um advogado sem bagagem literária causa espanto. Imagine-se em uma festa rodeado por colegas debatendo livros e ideias e você lá, por fora de tudo, sem poder participar da conversa.

A seguir, indico alguns livros que vão alavancar seu negócio jurídico e mudar sua forma de pensar:

- *Como fazer amigos e influenciar pessoas*, de Dale Carnegie.
- *Eles, os juízes, vistos por nós, os advogados*, de Piero Calamandrei.
- *Ninguém enriquece por acaso*, de Jacob Pétry.

- *A lei do sucesso,* de Napoleon Hill e Jacob Pétry.
- *Saber vender é da natureza humana,* de Daniel H. Pink.
- *O encantador de clientes e outras histórias,* de Eloi Zanetti.

Este livro é dedicado à Patrícia, minha maravilhosa mulher, que sempre me motivou a trabalhar mais horas que meus concorrentes e a dar um passo maior que a perna. Sem o seu apoio nunca chegaria tão longe. Obrigado por transformar o nosso amor em uma família linda e próspera.